28 Tage ROSA

Mit Humor zu innerem Frieden

IMPRESSUM

Webseite: www.your-soulway.com
Anschrift: Haussteinstraße 4/52, 1020 Wien
Umschlaggestaltung: Gabriela Linshalm
Lektorat: Eva Maria Friedreich

Haftungsausschluss: Die im Buch veröffentlichten Ratschläge und Tipps wurden von der Autorin nach bestem Wissen und aus Eigenerfahrung erstellt und in diesem Buch veröffentlicht.
Eine Garantie für Erfolg, kann nicht übernommen werden. Ebenso ist die Haftung der Verfasserin für Personen-, Sach- und Vermögensschaden ausgeschlossen.

Kurs zum Buch: 28 Tage ROSA - https://www.your-soulway.com/mut-leben/28-tage-rosa-buch-und-kurs/
Den Link zu den Armbändern findest du auf der Kursseite.

ISBN: 9798642492222

INHALTSVERZEICHNIS

Vorwort von Ina Meyer

Glaubst Du, dass Du Dein Leben mit einem klitzekleinen Hilfsmittel positiver gestalten und somit deutlich verschönern und verbessern kannst?

Ich sage nur: ROSA!

Wie oft sind es die kleinen Dinge, die Dir den Alltag versüßen oder Dir Glücksmomente schenken. Sei es der Lieblingssong, der Dich durch den Raum tanzen lässt oder der Duft Deines Lieblingskuchen, der noch im Ofen steht.

Und wie oft sind es die kleinen Dinge im Alltag, die eine Stimmung, ein Gefühl oder eine Situation kaputt machen. Zu diesen negativen Dingen des Alltages gehören für mich urteilen, motzen und bewerten!

Gabrielas Buch macht so wunderbar deutlich, wie ROSA helfen kann, achtsamer, aufmerksamer und liebevoller durchs Leben zu gehen. Stell Dir mal vor, Gabriela, Du, ich und alle, die dieses Buch lesen, stellen schon während Lesens das Urteilen, Motzen und Bewerten (über sich selbst UND andere) ein. Die Welt würde sich positiv verändern.

Weißt Du was?

Lies weiter und dann nutze die von Gabriela vorgestellte Methode 28 TAGE ROSA.

Du wirst bereits am ersten Tag eine positive Veränderung wahrnehmen und achtsamer und aufmerksamer durch den Tag gehen. Veränderung findet im Kleinen statt und hat gleichzeitig Auswirkungen auf Alles. Wenn Du, Gabriela und ich es tun, werden andere folgen und gemeinsam werden wir etwas verändern – 28 TAGE ROSA wird Deine Welt positiv verändern.

Danke Gabriela, dass Du uns 28 Tage Rosa mitgebracht und uns obendrein noch gezeigt hast, wie dieses Experiment Dein Leben verändert hat.

Ina Meyer

Teil 1
Vorgeschichte

Für DICH

Kennst Du das Gefühl und das Bedürfnis, dass sich in der Welt etwas zum Besseren, hin zu mehr Liebe und Frieden bewegt? In mir gibt es diesen Wunsch schon sehr lange, doch wünschen allein genügt nicht. Es bedarf Menschen, die etwas tun, die vom Wünschen ins Handeln kommen. Ich bin weder reich noch berühmt, daher musste es für mich etwas Einfaches, etwas Machbares und in den Alltag Integrierbares sein und vor allem leicht duplizierbar. Ich fand, was ich suchte und in diesem Buch möchte ich es gerne mit Dir teilen.

Der endgültige Startschuss zu „28 Tage ROSA" fiel für mich am 26.01.2013 am Engeltag[1] in Wien, doch eigentlich begann dieser Weg für mich bereits viel früher.

Schon sehr lange ging mir das „Gemotze" rundherum und auch mein eigenes, ziemlich auf die Nerven. Es war für mich unfassbar, wegen welcher Bagatellen wir motzen, klagen, werten, urteilen. Du tust das nicht? Glückwunsch!

Ich tat es für meine Begriffe immer noch zu viel oft. Ich kam mir dabei auch immer wieder überheblich und anmaßend vor. „28 Tage ROSA" ist ein Experiment. Es geht darum ein Armband, in meinem Fall ein rosafarbenes, 28 Tage lang an einem Handgelenk belassen zu dürfen. Das Armband muss auf das andere Handgelenk, wenn ich urteile, motze oder bewerte. Gar nicht so einfach, nicht wahr?

Mir wurde auch immer mehr bewusst, wie viel Lebensqualität durch Motzen, Urteilen und Werten auf der Strecke bleibt, wie viel Zeit damit vergeht, wie sehr es mich blockiert und wie viele Gelegenheiten für Wunder im Hier und Jetzt mir dadurch entgehen.

„Wieso das?", fragst du. Um die Wunder jedes Augenblickes erkennen und annehmen zu können muss ich einfach wach und aufmerksam und in der Liebe sein. Wenn ich klage und motze, dann

[1] Der erste Engeltag in Wien wurde im Jänner 2013 vom Engelmagazin gemeinsam mit dem Künstler Florian Weingärtner organisiert. Dieser besondere Tag mit vielen namhaften Referenten war auch mit einem Sozialprojekt von Claudia Stöckl zu Gunsten von ZUKI verknüpft.

geht das nicht, denn es beansprucht meine Aufmerksamkeit und Energie. Dann bin ich in Gedanken nicht im jetzigen Augenblick, sondern in einer Gedankenschleife oder noch schlimmer: bei Worten, die mir später vielleicht sehr leidtun.

Mir war völlig klar: wenn ich mehr Frieden und Liebe in der Welt möchte, muss ich zuerst einmal bei mir selbst beginnen.

Zunächst führte mich mein Weg und Wunsch mehr Frieden, Liebe, Dankbarkeit und Wertfreiheit in mir selbst zu erlangen zu dem Buch „Die heilende Kraft deiner Engel" von Isabelle von Fallois. Auch das ist ein 28 Tage dauerndes Programm, das ich vorerst fünf Mal durchlief, sosehr zog es mich in seinen Bann, sosehr veränderte es mich innerlich. Dadurch durfte und konnte ich einerseits bereits viel Altes loslassen, achtsamer und liebevoller werden und andererseits wurde in mir der Wunsch nach mehr Frieden und Liebe in meinem eigenen Herzen und um mich herum nur noch verstärkt.

So kam mir die Idee für das Experiment mit dem rosa Bändchen, das ich am 26.01.2013 kennen lernte, gerade recht. Es war nicht meine eigene Idee, nein, sie wurde mir vorgestellt, auf besagtem Engeltag von einem der Referenten, Manfred Mohr. Das rosa Bändchen diente mir vom ersten Augenblick an als Anker für mehr Achtsamkeit und Bewusstheit, wann ich noch motze und werte, warum ich das noch tue und wie ich es unterlassen kann.

Ich hatte damals nicht die leiseste Ahnung, wo mich mein Weg mit diesem Bändchen hinführen würde, ich weiß es auch jetzt, wo ich dieses Buch schreibe, nicht. Ich gehe ihn einfach, Tag für Tag und staune, was er so mit sich bringt. Es war niemals mein Plan daraus ein Buch zu machen oder dazu einen Blog zu schreiben – das hat sich einfach im Laufe der Zeit ergeben. Aber lies selbst, hab Freude daran, schmunzle, hab Inspiration, Motivation, Selbsterkenntnis oder was auch immer.

Ich freue mich, wenn ich Dich damit erreichen kann, Dich vielleicht anrege, dieses Experiment ebenfalls zu beginnen und wenn auch Du mithilfst, diese wundervolle Idee in die Welt zu tragen.

Dieses Buch enthält viele Geschichten und Tipps aus meinem Leben. Ich hoffe, sie helfen dir weiter. Aber viel wichtiger ist: Finde Deinen eigenen Weg mit Deinem Bändchen, ob es nun rosa, blau, grün oder gelb sein mag. Marschier einfach los und lass dich vom

Leben reich beschenken, von Deinem Leben, das Du ohne Motzen, Werten und Urteilen, noch viel mehr genießen kannst.

Du meinst, das geht gar nicht? Hm, stimmt! Es geht vielleicht nicht zu 100%, weil es offenbar zum Menschsein dazu gehört. Doch wenn es Mir gelingt, wesentlich weniger zu urteilen, werten und motzen, dann gelingt es auch Dir, denn ich bin ein ganz normaler Mensch, wie Du auch!

Mittlerweile schreiben wir das Jahr 2020 und ein Virus hält die Welt in Atem. Ich selbst bin ruhig, gelassen und kann gut bei mir bleiben, ohne zu urteilen, ohne Widerstand. Das verdanke ich jahrelangem Training mit dem „rosa Bändchen".

Ich denke, jetzt ist ein perfekter Zeitpunkt, um dieses Manuskript aus seinem Schubladendasein zu befreien und es der Welt zur Verfügung zu stellen.

Lieblingsgeschichte

Zu Beginn möchte ich dir gerne eine meiner Lieblingsgeschichten schenken. Vielleicht kennst du sie.

Die Geschichte ist aus dem Buch: Mandalas – Kraft für Geist und Seele (Auer- Verlag) Seite 60

Glück und Unglück... Für und Wider...

„Im alten China lebte einst ein armer, alter Bauer, dessen einziger Besitz ein wundervoller, weißer Hengst war. Selbst der Kaiser träumte davon, dieses Pferd zu besitzen. Er bot dem Alten Säcke voll Gold und Diamanten, doch der Alte schüttelte beharrlich den Kopf und sagte: „Mir fehlt es an nichts. Der Schimmel dient mir seit vielen Jahren und ist mir zum Freund geworden. Und einen Freund verkauft man nicht, nicht für alles Geld der Welt."

Und so zogen die Gesandten des Kaisers wieder ab. Die Dorfbewohner lachten über so viel Unvernunft. Wie konnte der Alte bloß wegen eines Pferdes so viel Reichtum und Glück ausschlagen?

Eines Morgens war das Pferd verschwunden. Die Dorfbewohner liefen aufgeregt vor dem leeren Stall zusammen, um das Unglück des alten Bauern zu beklagen.

„Sag selbst, Alter, hat sich deine Treue gelohnt? Du könntest ein reicher Mann sein, wenn du nicht so eigensinnig gewesen wärest. Jetzt bist du ärmer als je zuvor. Kein Pferd zum Arbeiten und kein Gold zum Leben. Ach, das Unglück hat dich schwer getroffen."

Der alte Bauer blickte bedächtig in die Runde, nickte nachdenklich und sagte: „Was redet ihr da? Das Pferd steht nicht mehr im Stall, das ist alles was ich sehe. Vielleicht ist es ein Unglück, vielleicht auch nicht. Wer weiß das schon so genau?"

Tuschelnd gingen die Leute auseinander. Der Alte musste durch den Schaden wirr im Kopf geworden sein. Anders ließen sich seine Worte nicht erklären.

Einige Tage später, es war ein warmer, sonniger Frühlingstag und das halbe Dorf arbeitete in den Feldern, stürmte der vermisste Schimmel laut wiehernd die Dorfstraße entlang. Die Sonne glänzte auf seinem Fell, und Mähne und Schweif flatterten wie feinste

Silberfäden im Wind. Es war ein herrlicher Anblick, wie er voll Kraft und Anmut daher galoppierte. Doch das war es nicht allein, was die Dörfler erstaunt die Augen aufreißen ließ. Noch mehr Staunen riefen die sechs wilden Stuten hervor, die hinter dem Hengst her trabten und ihm in die offene Koppel neben dem leeren Stall folgten.

„Oh du glücklicher, von den Göttern gesegneter Mann! Jetzt hast du sieben Pferde und bist doch noch zum reichen Mann geworden. Bald wird Nachwuchs deine Weiden füllen. Wer hätte gedacht, dass dir noch einmal so viel Glück beschieden wäre?“ riefen sie, während sie dem alten Mann zu seinem Reichtum gratulierten.

Der Alte schaute gelassen in die aufgeregte Menge und erwiderte: „Ihr geht zu weit. Sagt einfach: Jetzt hat er sieben Pferde. Ob das Glück bringt oder Unglück, niemand weiß es zu sagen. Wir sehen immer nur Bruchstücke, wie will man das Ganze beurteilen. Das Leben ist so unendlich vielfältig und überraschend.“

Verständnislos hörten ihm die Leute zu. Die Gelassenheit des Alten war einfach unbegreiflich. Andererseits war er schon immer etwas komisch gewesen. Na ja, sie hatten andere Sorgen.

Der alte Bauer hatte einen einzigen Sohn. In den folgenden Wochen begann er die Wildpferde zu zähmen und einzureiten. Er war ein ungeduldiger junger Mann und so setzte er sich zu früh auf eine der wilden Stuten. Dabei stürzte er so unglücklich vom Pferd, dass er sich beide Beine mehrfach brach. Obwohl die Heilerin ihr Bestes tat, war allen klar, dass seine Beine nie wieder ganz gesund werden würden. Für den Rest seines Lebens würde er ein hinkender, behinderter Mann bleiben.

Wieder versammelten sich die Leute vor dem Haus des Alten: „Oh du armer, alter Mann!“ , jammerten sie, „nun entpuppt sich dein Glück als großes Unglück. Dein einziger Sohn, die Stütze deines Alters, ist nun ein hilfloser Krüppel und kann dir keine Hilfe mehr sein. Wer wird dich ernähren und die Arbeit tun, wenn du keine Kraft mehr hast? Wie hart muss dir das Schicksal erscheinen, das dir solches Unglück beschert.“

Wieder schaute der Alte in die Runde und antwortete: „Ihr seid von Urteilen besessen und malt die Welt entweder schwarz oder weiß. Habt ihr noch immer nicht begriffen, dass wir nur Bruchstücke des Lebens wahrnehmen. Das Leben zeigt sich uns nur in winzigen

Aus-schnitten, doch ihr tut, als könntet ihr das Ganze beurteilen. Tatsache ist, mein Sohn hat beide Beine gebrochen und wird nie wieder so laufen können wie vorher. Lasst es damit genug sein. Glück oder Unglück, wer weiß das schon."

Nicht lange danach rüstete der Kaiser zum großen Krieg gegen ein Nachbarland. Die Häscher ritten durchs Land und zogen die Väter und Söhne zu Kriegsdiensten ein. Das ganze Dorf war von Wehklagen und Trauer erfüllt, denn alle wussten, dass die meisten Männer aus diesem blutigen Krieg nicht mehr heimkehren würden.

Wieder einmal liefen die Dorfbewohner vor dem Haus des alten Bauern zusammen: „Wie recht du doch hattest. Jetzt bringt dein verkrüppelter Sohn dir doch noch Glück. Zwar wird er dir keine große Hilfe mehr sein können, aber wenigstens bleibt er bei dir. Wir sehen unsere Lieben bestimmt nie wieder, wenn sie erst einmal in den Krieg gezogen sind. Dein Sohn aber wird bei dir sein und mit der Zeit auch wieder mithelfen können. Wie konnte nur solch ein Unglück über uns kommen? Was sollen wir nur tun?"

Der Alte schaute nachdenklich in die Gesichter der verstörten Leute, dann erwiderte er. „Könnte ich euch nur helfen, weiter und tiefer zu sehen als ihr es bisher vermögt. Wie durch ein Schlüsselloch betrachtet ihr das Leben, und doch glaubt ihr, das Ganze zu sehen. Niemand von uns weiß, wie sich das große Bild zusammensetzt. Was eben noch ein großes Unglück scheint, mag sich im nächsten Moment als Glück erweisen. Andererseits erweist sich scheinbares Unglück auf längere Sicht oft als Glück, und umgekehrt gilt das gleiche. Sagt einfach: Unsere Männer ziehen in den Krieg, und dein Sohn bleibt zu Hause. Was daraus wird, weiß keiner von uns. Und jetzt geht nach Hause und teilt die Zeit miteinander, die euch bleibt."

Vom Motzen und Werten

Wie ging es mir damals im Jänner, am Anfang meines Experimentes, so ganz, ohne irgendwo nachfragen zu können oder zu dürfen?

Es war ja schon in den "Probetagen" recht schnell klar, wo meine Stolpersteine liegen würden und dass ich Strategien und Hilfsmittel brauchen werde.

Wie geht es Dir damit? Hast Du Deine Stolpersteine schon gefunden?

Damals (Jänner 2013)

Ich stellte erleichtert fest, dass ich nicht zur Kategorie der „Motzer" gehörte (glaubte ich zu dem Zeitpunkt jedenfalls), sodass es für mich hauptsächlich um Werten und Urteilen ging, vor allem wenn es mich selbst betraf, was sich für mich genauso wenig gut anfühlt wie Situationen oder Menschen zu beurteilen.

Kategorie „Motzer" was ist das?

Motzen ist ein österreichischer Ausdruck für klagen, sich beschweren, schimpfen.

Es gibt einige klassische Themen, worüber die meisten Menschen motzen: Wetter; Figur/Körpergewicht; Partner/Partnerin; Kinder/ Eltern; Arbeit/Chef/Kollegen; Nachbarn/Freunde; Geld; öffentliche Verkehrsmittel; Regierung; Politik; Krankheit

Na? Fühlst du dich auch ertappt? Schön, dann bin ich wenigstens nicht allein! Jetzt mal ehrlich! Es ist doch völlig sinnlos zu motzen, vielleicht menschlich, aber dennoch sinnlos – es ändert sich dadurch im Außen nämlich nichts! Innerlich jedoch zieht es mich runter, macht mich ärgerlich, frustriert, raubt meine Energie und Klarheit, verbaut mir den Weg zu Lösungen.

Hast Du das auch schon festgestellt?

ALSO: Herausforderung annehmen und schauen, wie es gelingt „28 Tage ROSA“ durchzuhalten!

Zu den Motzern zählte ich damals schon kaum mehr, denn ich motze tatsächlich sehr wenig. So blieb für mich hauptsächlich Thema Nr. 2 des Experimentes mit dem rosa Bändchen, dachte ich jedenfalls – Urteilen und Werten.

1. Zwei Arten von Wertung stehen uns zur Verfügung: Entweder werten wir uns selbst ab gegenüber anderen, was uns klein macht, unser Licht drosselt und auch wieder nichts ändert, außer dass wir uns noch schlechter fühlen (da war ich echt meisterhaft!)

2. Wir urteilen über andere, um uns selbst besser zu fühlen. Doch welch Trugschluss ist das?

Warum werten und urteilen wir über Menschen und Situationen?
Warum SIND wir nicht einfach?
Warum nehmen wir nicht uns und die Geschenke unseres Lebens einfach zutiefst dankbar an?
Warum sehen wir uns selbst und die anderen nicht einfach in ihrer Einzigartigkeit?

Einfach – einfach – einfach! Genau! Einfach wäre und ist es!

Doch so einfach wie es sich anhört, ist es oft im Alltag nicht.
Oder doch? Nimm dir jetzt ein wenig Zeit und beantworte die Fragen für dich!

Heute (November 2013)

Tja, da sieht meine Welt schon wieder ganz anders aus. Vieles hat sich verändert…
Viele Menschen in meinem Umfeld, die damals nicht mitgemacht haben, mich mit einem mitleidigen Lächeln bedacht haben, tun es jetzt plötzlich, graben ihr Bändchen wieder aus, besorgen sich ein Neues, stecken Menschen in ihrer Umgebung damit an, …
Es ist einfach nur himmlisch! Einfach! Genau, ganz einfach himmlisch!

Ich mache jetzt die 28 Tage ganz bewusst noch einmal. 28 Tage möglichst ohne Motzen, Werten und Urteilen und zähle wieder mit – für mich, aber ganz besonders für Dich! Damit Du mitmachst! Genau genommen habe ich nie damit aufgehört. Ich mache es jeden Tag. Es ist ein Teil meines Lebens geworden, gehört dazu wie das Zähneputzen. Ich habe allerdings nicht immer die Tage gezählt, wobei ich mittlerweile festgestellt habe, dass ich wesentlich konsequenter bin, wenn ich tatsächlich Tage zähle und den Ehrgeiz habe, wirklich 28 Tage das Bändchen an einem Handgelenk belassen zu können, weil der Versuchung zu Motzen und werten widerstanden habe.

Bei diesem Durchgang der Challenge geht es für mich gar nicht mehr um Werten und Motzen. Jetzt geht es so ganz "nebenbei" darum, plötzlich „sichtbar“ zu sein, was ich nie sein wollte, Ängste zu überwinden, eine ganze Menge davon. UND: Ich muss wirklich sehr aufpassen dabei nicht in die Selbstabwertung zu gehen „Warum sichtbar?“, wunderst Du dich. Weil ich dieses Mal einen Blog dazu schreibe und veröffentliche und in Folge auch ein Buch.

Na, wenn das dann nicht „sichtbar sein“ bedeutet?! So ganz neben-bei habe ich anfangs auch Zweifel ob denn irgendjemand etwas davon hat, wenn ich meine Erkenntnisse und Ergebnisse dieses Experimentes mit der Welt teile. Zweifel? Ja, die dürfen sein und ich habe sie, fast täglich. Du weißt, ich bin Mensch. Zweifel gehören dazu und mitunter sind sie ja auch ganz hilfreich. Sie halten am Boden.

Doch in mir drin ist so eine Gewissheit, so ein grenzenloses Vertrauen, irgendetwas in mir beginnt zu leuchten, ich fühle mich getragen und geführt… mein Verstand kann all dem schon lange nicht mehr wirklich folgen. Muss er das?

Es fällt mir manchmal sehr schwer solche Gefühle in Worte zu fassen…

“28 Tage ROSA” – Es ist wie auch mein innig geliebtes Ho´Oponopono zu einem Teil meines Lebens geworden. Es ist mein Weg und ich liebe diesen Weg täglich mehr! Ich finde es überwältigend, wie viele Menschen ihn seit meinem Blog mit mir gehen! DANKE!

Start

Es war der 26.01.2013. Gespannt auf viele Referenten, die ich bislang nur von Büchern kannte, stapfte ich mit einer Freundin durch die Kälte Richtung „Engeltag", für den ich eine Eintrittskarte bekommen hatte (diese wurden verlost, da es viel mehr Anmeldungen als Plätze gab).

Schon vor vielen Jahren begriff ich, dass man in Seminare und ganz generell durchs Leben am besten ohne Erwartungen geht. Das erspart eine Menge Enttäuschungen und man kann stets beschenkt nach Hause gehen. So hielt ich es auch diesmal und war fasziniert von jedem einzelnen Vortrag, beglückt, beschenkt mit vielen Erkenntnissen und neuen Inputs, sowie vielen netten Menschen und Gesprächen. Klingt jetzt schon kitschig und ROSA? Stimmt. Macht nichts - war so!

Der für mich eindrucksvollste Vortrag und Input an diesem Tag kam allerdings von Manfred Mohr. Er schenkte jedem Teilnehmer ein kleines rosa Armband mit der Aufgabe, es 28 Tage lang durchgehend an einem Handgelenk zu tragen. Wenn wir allerdings über irgend-etwas klagen oder urteilen, so müssen oder sollen wir das Bändchen aufs andere Handgelenk geben und von vorne beginnen. Es beein-druckte mich ungeheuer, dass er selbst nur 40 Tage für dieses Experiment[2] benötigt hatte!

Ich überlegte lange, wie Herr Mohr das geschafft hatte. Überlegen brachte mich nicht weiter – hinein fühlen schon wesentlich mehr, aber es ist auch egal, denn ich musste selbst herausfinden, wie es für MICH machbar sein würde, MEINEN Weg zu finden!

Welch eine Challenge?! Es war genau das, wonach ich mich schon lange und ganz besonders zu dieser Zeit sehnte: Noch mehr Frieden und bedingungslose Liebe in meinem Herzen, kein Werten

[2] Das Experiment mit dem Bändchen stammt ursprünglich von einem Pastor, Will Bowen, dem es ebenfalls sehr auf die Nerven ging, dass seine lieben „Schäflein" glaubten, immerzu klagen und urteilen zu müssen. Er machte das Experiment mit seiner gesamten Kirchen-gemeinde, mit erstaunlichen Resultaten. Die ganze Geschichte dazu findest du in: Das Wunder der Dankbarkeit von Manfred Mohr.

und Urteilen mehr oder zumindest viel weniger als bisher! Ich wollte diese Herausforderung annehmen.

Es fühlte sich einfach so gut und richtig an in meinem Herzen, und obendrein erschien es auch meinem Verstand sehr sinnvoll. Ich wollte dem Motto Gandhis: „Sei du selbst die Veränderung, die du dir für die Welt wünscht“ ein Stückchen mehr gerecht werden und zumindest in mir zu noch mehr Frieden und Liebe gelangen. Vielleicht würde mein Tun tatsächlich auch Menschen in meiner Umgebung dazu inspirieren, sich bewusster mit diesen Themen auseinander zu setzen: Acht-samkeit, Dankbarkeit, Liebe, Frieden, Vergebung!

Es war nicht so, dass ich keinen Frieden in mir hatte – im Gegenteil. Das Leben hatte mich ausgiebig Dankbarkeit, Frieden und Vergebung gelehrt. Ich war zu diesem Zeitpunkt bereits tief erfüllt mit Frieden, Dankbarkeit und Liebe und fühlte mich von Gott und den Engeln beschützt und geführt. Dennoch hatte ich vom ersten Augenblick an große Resonanz zu diesem Experiment – es zog mich förmlich ma-gisch an. Ich wusste zu diesem Zeitpunkt noch nicht, wo mich dieser Weg hinführen würde, doch in mir war und ist dieses Drängen, diese Gewissheit, dass es ganz wichtig ist, ihn zu gehen und dass jetzt der Zeitpunkt gekommen ist, ihn zu teilen – mit Dir!

Ich hatte zwar auch schon sehr heftige und herausfordernde Zeiten und Krisen in meinem Leben, ein richtig harter Schicksalsschlag, der mich geläutert hätte, sozusagen, ist mir jedoch bislang Gottlob erspart geblieben.[3] Meine Intention diesen Weg zu gehen, kommt also aus meinem ganz „normalen“ Alltag heraus. Dieser Alltag besteht aus Familie, Kindern, Katzen, Beruf, Großstadtleben, alternden Eltern. Ganz „normal“ eben, wie bei Dir sicherlich auch. Vielleicht ist es deshalb wichtig, ihn zu teilen und öffentlich zu machen.

[3] Jetzt im Jahr 2020 muss ich diese Worte revidieren, denn 2014 ist mir innerhalb weniger Monate mein komplettes Leben weggebrochen (Mann, Haus, Kinder, Katzen, Praxis. Kunden. Auto und Gesundheit). Dass ich im vollen Vertrauen durch diese Zeit gehen konnte, war unter anderem dem Bändchenexperiment zu verdanken.

Die Challenge kann beginnen! Machst Du mit?
Vielleicht macht es den Weg leichter, wenn ich ihn gemeinsam mit anderen gehen darf!?

Erste Impulse zum Buch

Warum erzähle ich Dir hier so ausführlich, wie es zu diesem Buch kam, wenn es doch eigentlich um das Experiment mit dem rosa Bändchen geht, wo sich doch hier alles um weniger motzen, urteilen und werten dreht?

Genau – es geht darum nicht mehr zu urteilen, im Alltag! Es geht darum innerlich frei zu werden, Raum und Zeit zu schaffen für die eigenen Gaben und Talente und sie zu leben. Wo kommen diese Zeit und dieser Raum her? Ganz einfach: beschäftigen wir uns weniger mit Dingen im Außen, die wir glauben beurteilen zu müssen. Lassen wir sie gehen und horchen in uns hinein, ebenfalls möglichst Urteilsfrei! Beobachten wir Geschehnisse und Menschen um uns herum einfach nur, ohne Wertung.

Die Dinge sind oft nicht so wie sie scheinen. Wir können in Gottes großen Plan nicht hineinsehen, auch nicht in den Lebensplan eines anderen Menschen, nicht in dessen Vergangenheit und nicht in dessen Zukunft. Folglich steht uns keinerlei Urteil zu. Gott urteilt auch nicht. Warum tun wir es also? Meinem wir, es tatsächlich besser zu wissen als Gott? Dies ist ein wichtiger Aspekt beim Gelingen dieses Ex-perimentes!

Für mich war der Weg mit diesem Bändchen und dem zugehörigen Experiment von Anfang an kein Zufall und sehr spannend. Ich durfte dadurch nicht nur zu wesentlich mehr Frieden und Liebe in mir selbst finden, sondern auch über mich hinauswachsen, meine Grenzen sprengen und Inspiration für Andere sein. Ich durfte auch hier lernen, nicht mehr zu werten, vor allem nicht über mich. Ich durfte lernen, was alles in mir steckt, welche Fähigkeiten in mir schlummerten ohne erkannt und gelebt zu werden, weil ich zu beschäftigt war mit meiner Außenwelt und zu wenig Zeit blieb, meiner Seele und ihrem Plan zuzuhören.

31.05.2013

Ich hatte heute Nacht die Eingebung und Antwort auf meine Frage an Gott, die Engel und das Universum: „Wie kann ICH dazu beitragen, dass in den Herzen der Menschen mehr Frieden einkehrt, mehr Toleranz, weniger Verurteilung, mehr zwischenmenschliches Para-dies auf Erden?“ Klar, zuerst und vermutlich NUR in mir selbst! Aber mein Wunsch war größer, weit darüber hinaus gehend. Er hat mich einfach beseelt, mir Flügel verliehen…
Ich wollte diese Verbindung zu “Alles ist EINS”. Dieser Wunsch kam aus tiefster Seele, aus ganzem Herzen. Kennst Du dieses Gefühl?

Ich hatte ehrlich gesagt nicht mit einer Antwort gerechnet und schon gar nicht mit der Folgenden. So ähnlich muss es Neele Donald Walsh ergangen sein, als er „Gespräche mit Gott“ schrieb. Die Antwort in meinem Inneren lautete laut und deutlich und unmiss-verständlich: „Schreib ein Buch mit dem Titel: „28 Tage ROSA“. Hm, na das war ja ein Ding! Ich dachte sofort, „Ich und Buch schreiben? Ja gut, ich schreibe gerne, aber doch nur für mich. Das Buch vielleicht auch noch veröffentlichen?! Nein, das geht gar nicht! Wer soll das denn bitte schön lesen? Und, was ist das überhaupt für ein komischer Titel. Lächerlich.“ Und schon musste das Bändchen auf das andere Handgelenk. Welch Selbstabwertung!

Mir war sofort klar, was gemeint war. Das Experiment mit dem rosa Bändchen an meinem Handgelenk, das mich persönlich täglich daran erinnert, nicht zu urteilen und zu werten (oder zumindest sehr viel weniger), weder über mich noch über andere. Dieses Bändchen half mir dabei und tut es immer noch und es ließ in mir den Wunsch entstehen, auch für andere Menschen Inspiration zu sein. Zuerst wurde es einfach „nur“ ein Blog und selbst das hatte noch vier Monate gedauert.

Es zahlte sich aus, diesen Mut zu haben – ich wurde so sehr beschenkt, auf so vielen Ebenen und so unerwartet. Viele dieser Geschichten findest du in diesem Buch.

Ich musste oft üben und es war ein langer Weg, bis ich meiner „inneren Stimme“, meinen Engeln zu vertrauen gelernt hatte. Warum dies so ist, kannst du zum Teil in diesem Buch lesen. Lass mich Dir dazu ein Beispiel aus meinem Leben geben, Dir eine wahre Geschichte erzählen, damit Du weißt, was ich mit „innerer Stimme" meine. Dies ist nur eine von vielen wahren Begebenheiten aus meinem Alltag. Sie verdeutlicht, wie gut es doch ist, seiner „inneren Stimme", diesen deutlichen Impulsen aus dem eigenen Inneren, zu vertrauen, wie lebensrettend das mitunter sein kann.

Fast zu spät

Im April, schon auf dem Heimflug eines großartigen Seminars bei Isabelle von Fallois, beschlich mich ein komisches Gefühl. Ich konnte es zuerst nicht genau einordnen, doch instinktiv wusste ich, dass es mit meiner Tochter zu tun hatte. Zu Hause fand ich sie mit Bauch-schmerzen und hohem Fieber vor – beides sehr untypisch für meine Maus. Sie wollte im Moment noch nicht zum Arzt oder ins Kranken-haus. Thermophor und Tee wurden ausgegraben und wir warteten zu. Sie hat normalerweise ein gutes Gespür für sich.

Der nächste Tag, Samstag.

Das Fieber war weniger und die Bauchschmerzen auch, dennoch war sie noch nicht ganz gesund. Den ganzen Vormittag vernahm ich mehr als deutlich meine innere Stimme: „Fahr mit ihr ins Kranken-haus. Dringend!"

Hm, was tun?! Die äußeren Umstände standen auf Besserung, doch meine inneren Sensoren schlugen Alarm! Gott sei Dank hatte ich gelernt meinen dringenden, inneren Impulsen zu vertrauen.

Wir fuhren ins Krankenhaus. Die Schmerzen nahmen wieder zu. Langes Warten, viele Untersuchungen. Nach vier Stunden stand fest, dass ihre Entzündungswerte 124 betrugen (Normalwert maximal 6).

Dann ging alles schnell, sehr schnell! Eine halbe Stunde später lag sie auf dem Operationstisch und mir blieb einzig und allein: Beten – das kannte ich bei ihr schon. Sie wäre mit vier Wochen beinahe an einer Hirnhautentzündung gestorben. Damals bekam ich sie ein zweites Mal geschenkt, denn sie wurde durch ein Wunder gerettet, das sich die Ärzte nie erklären konnten. Wird es diesmal auch so sein?

Ich verband mich mit all meinen Engeln, mit der Seele meiner Maus, mit Gott und betete.

Ruhe, tiefe Ruhe überkam mich und ich fühlte mich getragen. Ich wusste, dass ich loslassen musste, dass es nicht in meiner Macht stand irgendetwas zu tun.

Loslassen, vertrauen. Und das tat ich – das hatte ich ganz oft üben dürfen. Jetzt war Prüfungszeit! Ich hätte in dieser Situation allen Grund gehabt zu klagen, doch ich tat es nicht. Es kam mir nicht eine Sekunde lang in den Sinn. Ich betete darum, dass jetzt das Richtige geschehen möge, was auch immer das Richtige sein mochte. Ich wusste nicht, was sich die Seele meiner Tochter in ihren Lebensplan geschrieben hatte und ich hatte auch keinerlei Einfluss darauf. Ich übergab sie ein weiteres Mal, im völligen Vertrauen, einfach Gott.

Die Operation dauerte lange, sehr lange. Zwei Stunden können endlos lange sein. Endlich ging die Türe auf, es war schon beinahe Mitternacht. Die Chirurgin teilte mir mit, dass meine Tochter knapp vor dem Blinddarmdurchbruch gerettet werden konnte und ich könnte jetzt zu ihr.

Nein, nicht weinen lieber Leser/liebe Leserin!
Es ist gut – alles gut! Es geht ihr hervorragend! Mitleid ist nicht angebracht!

Du solltest dies lesen, um auch Deiner inneren Stimme vertrauen zu lernen! Das klingt ein wenig schizophren, ist es aber ganz und gar nicht. Ich höre keine richtigen Stimmen, es sind mehr Impulse, die ganz deutlich sind, ein inneres Wissen. Ich nenne diese Impulse und Eingebungen einfach „innere Stimme“, weil es sich wie eine Stimme anfühlt und mit meinen inneren Ohren anhört. Ich denke, Du kennst das auch. Denk zurück an solche Situationen in deinem Leben! Du kennst sie – nicht wahr? Nimm Dir ruhig ein bisschen Zeit dafür.

Ich weiß, das klingt ein bisschen seltsam und unvorstellbar, doch es ist so und ich habe Gottlob einen sehr bodenständigen Ruf, sowie ein sehr bodenständiges Leben. Jaja, ein Leben mit den Engeln kann sehr bodenständig sein, aber darüber schreibe ich vielleicht eines Tages ein anders Buch. Und so dauerte es dann noch einige Monate bis ich in die Gänge kam und es entstand zunächst erstmal „nur“ ein Tagebuch, aus dem dann ein Blog wurde.

Kennst Du das Gefühl, wenn ein Feuer in dir brennt? Ein Feuer, das tief aus deinem Herzen kommt, aus deiner Seele. Ein Feuer, dem du einfach folgen musst, ohne zu wissen, wohin dich der Weg führen wird?

Kennst Du dieses Vertrauen? Das bedingungslose Vertrauen zu deiner inneren Stimme, die dich führt, leitet, dir irgendwie Sicherheit gibt obwohl es weit und breit keine Sicherheit gibt und die sich überhaupt nicht darum kümmert, dass dein Verstand Amok läuft und dein Ego sich vor Angst in die Hosen macht?

Kennst Du dieses deiner Seele Flügel verleihende Gefühl, das Gefühl getragen zu werden?

Kennst Du dieses Gefühl, wenn du einfach tust, was du tun musst, egal was kommt?

UND: Kennst du diese inneren Diskussionen davor? Die Argumente deines Verstandes, deine Zweifel an all dem, was sich nach der Botschaft deiner inneren Stimme in dir abspielt? Kennst du auch diese Ruhelosigkeit, die sich in dir breit macht, wenn du Widerstand leistest?

Mhm – klar doch, oder? Manche Menschen müssen aus dem All springen, ich muss diesen Blog und dieses Buch schreiben und dieses Experiment machen, diesen Weg zu innerem Frieden und mehr Liebe in mir und um mich herum gehen.

Müssen – NEIN – müssen tun wir gar nichts, denn wir haben unseren freien Willen und der beinhaltet auch das Wörtchen: NEIN

Aber Du weißt, was ich meine?!

Genau so war es bei mir auch. Oft, sehr oft! Es war und ist für mich auch bei „28 Tage ROSA“ so.

Du fragst dich jetzt vielleicht, ob ich meiner „inneren Stimme“ immer sofort und bedingungslos gehorche. Nein, das tue ich noch nicht. Ich hinterfrage, diskutiere innerlich und zweifle auch. Doch für mich gehört das zu Bodenständigkeit dazu. Im Fall dieses Buches war es keineswegs so, dass ich sofort nachgegeben hätte.

Meine Seele hat mir bereits vor Monaten zuerst mal leise mitgeteilt, dass es Zeit wird, Blog und Buch zu schreiben. Meine Seele kennt mich und meine Ängste ja schließlich gut, mein Zögern, meine Bodenständigkeit und meinen Widerstand gegen in der „Öffentlichkeit „stehen.

Meine Seele wusste auch, dass ich ihr in diesem Fall nicht gleich zuhöre und schon gar nicht folge.

Doch sie ist schlau und mitunter hartnäckig. Der innere Ruf wurde immer lauter – ganz, ganz laut!

Da ich mich hartnäckig geweigert hatte, ein Buch zu schreiben und es zu veröffentlichen, mussten die Engel zu einem Trick greifen, mich überlisten sozusagen, ohne dass ich es gleich merkte. So kam ab Juli schon beinahe täglich die innere Botschaft: „Schreib einem Blog da-zu“. Auch diese Idee der Engel oder meiner Seele, ging eine ganze Weile bei einem Ohr rein und beim anderen gleich wieder hinaus. Meine Gegenargumente waren unter anderem: „Es ist Sommer, es ist heiß, es sind Ferien – ich gehe lieber mit Junior ins Freibad.” Irgendwann gab ich dem einfach nach – alles andere war nur noch anstrengend.

Im September war es dann soweit. Der Blog musste aus mir raus, sonst wäre ich womöglich noch geplatzt. Ich ließ vollkommen los und begann zu vertrauen, nicht mehr zu werten und zu urteilen, einfach nur zu vertrauen auf meinen Seelenplan und meine geistige Führung in Form meiner Engel, meiner „inneren Stimme“. In dem Moment begann alles zu fließen: der dritte Anlauf der Challenge, die Worte aus meinem Inneren. irdische Hilfe bei den technischen Dingen eines Blogaufbaues war wie selbstverständlich in meinem Leben und es gab kein Zurück mehr!

Gleichzeitig wusste ich, dass es eben nicht meine persönliche Idee war, also nicht meinem Ego entstammte. Es war eindeutig wieder einmal so eine „Schnapsidee“ meiner Engel, eine von vielen, so ein innerer Impuls, eine eindringliche innere Stimme, die einfach keine Ruhe gab.

Kennst Du das auch? Was tust Du in so einem Fall?

Woher ich wusste, dass dies nicht meinem Ego entstammte? Ganz einfach:

1. Ich neige nicht dazu, mein Innerstes in der Öffentlichkeit breit zu treten – ganz im Gegenteil!
2. Ich muss dafür mehrere meiner geliebten Komfortzonen verlassen und eine Menge Ängste überwinden – nicht unbedingt leicht, zumindest für mich nicht.
3. Die Gefahr, sich total zu blamieren ist nicht unerheblich – dem setze ich mich normalerweise nicht freiwillig aus. Ich bin ja nicht bescheuert.

4. Ich bin nicht so der Computerfan, eher ein technisches Antigenie genauer gesagt (meine Stärken liegen einfach woanders). Ich muss mich damit beschäftigen, wie man – also ICH – so etwas überhaupt anlegt – ein Gräuel für mich.
5. Ich habe wieder einmal keine Ahnung, wo das alles hinführt – muss ich auch nicht, wüsste ich trotzdem gern.... so, rein sicherheitshalber... irgendwie muss man den Steinbock-Aszendenten ja befriedigen...

Ich weiß nicht wie das mit Deinen Engeln ist, aber meine haben zurzeit den wesentlich größeren Überblick über meinen Lebensplan als ich es als Mensch hier auf Erden habe. Für Gott und die Engel gibt es keine Zeit und keinen Raum. Für sie ist alles unendlich und gleichzeitig. Sie haben mich immer begleitet, behütet, geführt und manchmal - also in letzter Zeit immer häufiger – auch aus meinen Komfortzonen heraus.

Jedes Mal habe ich Ängste überwinden, wachsen, unendlich viele Wunder und Freuden erleben dürfen und es hat sich letztendlich als Segen erwiesen – nicht nur für mich!

Wie war das möglich? Das rosa Band an meinem Handgelenk erinnerte mich stets daran, nicht zu werten, auch nicht über mich, meine Fähigkeiten, den Blog oder das Buch. Ich konnte und kann nicht wissen, wer es in die Hände bekommen und lesen wird, wem es vielleicht Inspiration und Hilfe sein wird.

Bisher haben schon so viele Menschen in meinem Umfeld und auch über meinen Blog mit diesem Experiment begonnen und konnten dadurch ihr Leben verändern. Ich hätte das in meinen kühnsten Träumen nie erwartet. Wäre ich weiterhin in meiner kleinen, mensch-lichen, eingeschränkten Sichtweise geblieben, in der Beurteilung, dass mein Beitrag zu Frieden nicht wertvoll genug ist, um veröffentlicht zu werden, hätte ich viele Menschen nicht erreicht.

Und so gab ich wieder nach, was ich mittlerweile wesentlich weniger anstrengend finde, als mich meinem Lebensplan zu widersetzen. Schön, dass Du mich begleitest!

Fallen

Ich liebte dieses Bändchen vom ersten Augenblick an, war mir aber gleichzeitig völlig klar darüber, dass es eine sehr große Herausforderung darstellen würde. Daher trug ich es die ersten Tage sozusagen zur Probe. Geschummelt? Vielleicht, aber man muss ja schließlich wissen, worauf man sich einlässt, oder?

Ich wollte zuerst einmal die Fallen und Stolpersteine – meine Übungsgelegenheiten – ausloten und mir Strategien zurechtlegen. Notfallshilfen sozusagen. Geschummelt?

Hm, ich weiß nicht, ob das geschummelt war.

Kann sein, aber ohne Strategien wird's bei mir gar nicht gehen - dachte ich damals zumindest.

(Anmerkung von jetzt: Wie einfach die Sache mit einem offenen, dankbaren Herzen ist, fand ich erst später heraus.)

Ich weiß nicht warum, aber ich war richtig aufgeregt und wollte loslegen. Bereits beim Warten in der Garderobe durfte ich üben, nicht zu werten. Ich selbst fühlte mich durch die Vorträge, Meditationen und Begegnungen reich beschenkt, war einfach selig, dabei gewesen zu sein und dankbar für die geschenkte Karte und einen wunderschönen Tag mit Freundinnen.

Doch was musste ich hören? Einige Menschen lästerten über so manches und ich war einfach fassungslos. Wie konnte man so undankbar sein? Meine Augenbrauen zogen sich zusammen und Unverständnis drängte sich auf: „Wer von diesen Lästermäulern hat je einen so schweren Weg durchgemacht wie viele der Vortragenden des Tages? Wer von den Lästermäulern und Besserwissern hat den Mut auf einer Bühne zu stehen als Vorbild für andere? Alle tragen sie das rosa Bändchen, doch wie schnell war offenbar die Botschaft ver-gessen!" Ups, erwischt! Danke, liebe Spieglein! Wertung! So schnell geht's." Aber ich hatte es nicht laut ausgesprochen – galt das jetzt schon als: Ich muss das Bändchen wechseln?!

Schamgefühl machte sich breit und ich verschob die Entscheidung auf später. So unglaublich schnell war ich in die erste Falle getappt. Noch bevor ich mir überlegen konnte, welche Motive diese Menschen für ihr Verhalten haben mochten, noch bevor ich mich bemühen konnte sie zu verstehen, fühlte ich mich ertappt, klein, elend, unfähig, frustriert. Und schon war ich bei einer weiteren Wertung angelangt! Im „Mich-Selbst-Abwerten“ war ich übrigens meisterhaft!

Das gab noch einen langen Ho´ Oponopono–Abend!

(Was es damit auf sich hat, erkläre ich in einem eigenen Kapitel und später immer wieder, denn ich liebe und schätze dieses Ritual zutiefst! Diejenigen, die mich gut kennen, kennen es ohnehin – sie kommen ja mit mir nicht drum herum.)

Wie sollte ich es je schaffen, 28 Tage lang das Bändchen an ein und demselben Handgelenk tragen zu dürfen?

Auch die dritte Falle ließ nicht lange auf sich warten: die Autofahrt nach Hause. „Hast du Tomaten auf den Augen? Es ist grün. Fahr los du Idiot.“

Oh weh, das konnte ja heiter werden.

Strategien mussten her, sonst gelingt mir das nie!

UND: In meinem Fall - Am besten 28 Tage lang nicht Auto fahren!

Strategien

Abends zu Hause überlegte ich mir, wie die 28 Tage wohl am besten zu bewältigen wären, welche Strategien und Hilfsmittel mir zur Verfügung stünden. Wo würden meine größten Fallen sein und wie wären sie umgehbar? Oder wäre das dann geschummelt? Hm…

Selbst wenn ich meine Fallen 28 Tage lang umgehen könnte, was an sich schon sehr unwahrscheinlich war, kämen sie wieder, ganz sicher und gewiss. Was ich aber nicht wollte, war: 28 Tage zu schaffen und danach weiter zu machen wie bisher. Dann wäre das ganze Experiment sinnlos gewesen. Nein, nicht ganz, denn es hätte 28 Tage mehr Achtsamkeit, weniger Motzen und Werten gebracht, aber es wäre nicht nachhaltig.

Würde mir das alles helfen oder würde es ganz anders sein? Fragen über Fragen waren in meinem Kopf.

- **Idee 1: Nicht Auto fahren**
  Das schaltet viel aus, ist bei einem 5-Personen-Haushalt aber nicht immer machbar. „Warum nicht Auto fahren?“, fragst du. Ich weiß nicht wie es bei dir ist, aber ich bin da nicht immer sehr höflich.

- **Idee 2: Maulkorb umhängen**
  Ist nicht besonders attraktiv und verhindert immer noch nicht meine Gedanken und Selbstbewertung. Dass es „nur“ darum geht es nicht auszusprechen, wusste ich damals nicht, aber gut so – war es eben auch gleichzeitig eine Übung für achtsames Denken.

- **Idee 3: Gar nicht unter Leute gehen**
  Ist im Familienverband und als Therapeutin auch nicht möglich, denn irgendwie muss ich mir ja meine Brötchen verdienen. Abgesehen davon bin ich zwar ein schüchterner, aber dennoch sehr geselliger Mensch, gehe gerne mit Freundinnen frühstücken oder tanzen – aber das ist eine andere spannende Geschichte.

- **Idee 4: Von morgens bis abends meditieren**
  Na meine Familie wird sich schön bedanken und irgendwann wird das doch auch langweilig, oder?

- **Idee 5:**
  Mich immer wieder während des Tages mit den Engeln der Liebe und der Selbstliebe verbinden – lässt mich in fried-lichere Schwingungen kommen, mehr in meiner Mitte sein und daher weniger urteilen. Gute Idee, aber auch nicht 24 Stunden pro Tag lebbar – zumindest nicht für mich.

- **Idee 6: „Ho´ Oponopono“ ausgraben**
  Friedensgebet und Lebenshaltung der Hawaiianer, die ich vor über vierzehn Jahren kennen gelernt habe und wie vieles, was wirklich gut ist, lange, viel zu lange vernachlässigt habe. Entpuppt sich als eine der für mich brauchbarsten Ideen!

- **Idee 7:**
  Geistigen Schwamm in meinem Hirn einbauen, um manche Gedanken sofort wieder löschen zu können – naja...

Mit diesen Ideen und Lösungsansätzen startete ich dieses Projekt nun um einiges zuversichtlicher. Ich war sehr gespannt, wie es mir ergehen würde!

Reaktionen

Die Reaktionen meiner Mitmenschen auf dieses Experiment waren sehr interessant und, im Nachhinein betrachtet, lustig, denn die Reaktionen, die in meinen Blog im September und Oktober bekam, waren ganz andere als die meiner Familie und Freunde damals im Jänner.

Hier einige Statements:

- Junior (verdreht die Augen): „Schon wieder so eine Engelidee von Mama!"
- Tochter: „Cool – ich mach mit! Ist bestimmt spannend!"
- Göttergatte - zieht seine rechte Augenbraue hoch und schweigt.
- Freundin: „Na dann fragst du mich am besten in nächster Zeit nicht um meine Meinung zu irgendwas. Ich mag dich nicht in Versuchung führen." und guckt ganz mitleidig auf mein Bändchen.
- Eine andere Freundin - guckt mich schief an und meint: „Dann wirst du ja noch netter als du eh schon bist. Ist das dann nicht langweilig?" (Sie bewundert mich übrigens mittlerweile für meinen Ehrgeiz, wie sie es nennt. DANKE)
- Weitere Freundin: „Hm, gute Idee. Mehr Achtsamkeit schadet auch mir bestimmt nicht."
- Eine Klientin: „Ich dachte, da sind Sie schon perfekt. Was auch immer ich Ihnen anvertraut habe, Sie haben mich kein einziges Mal verurteilt oder bewertet!"
  (Ich freue mich über das Kompliment, weiß aber, dass ich sehr wohl noch Übungsbedarf habe.)
- Ich: „Na Unterstützung sieht anders aus, oder? Danke, ich habe euch auch ganz lieb!"
  …. Und schon geht das Üben los…

Was sagen denn Deine Mitmenschen zu deinem neuen Experiment?

Meine Philosophie

Um manches, was ich in diesem Buch schreibe, besser verstehen zu können, ist es vermutlich wichtig, dir meine Lebensphilosophie näher zu bringen, die sich im Laufe meines Lebens aus Erfahrungen ergeben hat.

Nach meiner Überzeugung entstammen wir alle der gleichen Quelle – ich persönlich nenne sie Gott, aber das weißt Du ja bereits. Für mich ist es ein Quell unendlicher Liebe und Güte, eine unendlich liebevolle Kraft oder Energie, die nichts mit dem „strafenden“ Gott mancher Religion zu tun hat. Folglich ist in uns Allen Liebe angelegt. Wir sind alle Teil eines großen Ganzen und durch den gemeinsamen Ursprung alle miteinander verbunden. Ob uns das immer gefällt oder nicht, es ist so – zumindest macht diese Theorie für mich Sinn.

Werten und Urteilen schafft Trennung zwischen uns, ist Teil der menschlichen Dualität, Teil der Erfahrung, die wir hier als Mensch machen. Mir persönlich gefällt das immer weniger.

Ein weiterer Teil unseres Seins ist unser freier Wille und unsere Entscheidungskraft. Als Teil des Schöpfers sind auch wir Schöpfer – es kann gar nicht anders sein. Und so haben wir es in der Hand, uns jede Minute neu zu entscheiden, neu zu wählen, auf welche Erfahrungen wir Lust haben.

Ich weiß nicht wie es Dir geht, aber ich habe jetzt einfach Lust auf noch mehr Liebe und Frieden. Das Leben ist so viel einfacher, schöner und bereicherter dadurch. Daher habe ich mich für dieses Experiment entschieden: „28 Tage ROSA“!

Naja, mir ist schon klar, dass das für uns Menschen zurzeit offenbar noch unmöglich ist, aber einen Versuch ist es mir allemal wert – ich will es wissen!

Vielleicht bin ich da eine hoffnungslose Romantikerin – ich werde es in den nächsten Wochen herausfinden.

Möglicherweise ist das für uns Menschen tatsächlich nicht machbar, doch selbst wenn es nicht zu 100% möglich ist, in vollkommener Liebe zu sein und zu leben, dann muss dieses Experiment zumindest ein großer Schritt in diese Richtung sein. Bist Du dabei?

Ho´Oponopono

Da ich dieses Wort im Buch sehr oft erwähnen werde, weil es wie das Bändchen zu meinem Leben gehört und beim Gelingen des Experimentes eine wesentliche Rolle spielt sowie mir täglich Segen und Hilfe ist, werde ich es hier vorweg erklären. Ausführliche Literatur zu diesem Thema findest du im gut sortierten Buchhandel und einige Buchempfehlungen im Anhang.

Ich persönlich lernte dieses wundervolle „Werkzeug“ schon vor über vierzehn Jahren kennen. Damals war Ho´ Oponopono mir noch etwas zu kompliziert, denn mein damaliger HUNA- Lehrer macht das Ritual länger als es derzeit im Umlauf ist. Es war auch einfach noch nicht der richtige Zeitpunkt für mich.

Vor etwa zwei Jahren intensivierte ich es wieder. Ho´ Oponopono „lief“ mir ständig über den Weg – sozusagen. Entweder erzählte mir jemand davon oder mir fielen Bücher dazu in die Hände – oft im wahrsten Sinne des Wortes.

Ich persönlich habe folgende Gewohnheit, schon seit Jahren.

Wenn mir etwas innerhalb kurzer Zeit drei bis viel Mal begegnet, auf mich zukommt ohne dass ich darum gebeten hätte oder es mir gewünscht hätte, dann weiß ich, dass mich meine Engel, meine Seele oder das Universum auf etwas sehr Wichtiges aufmerksam machen möchten. Dann werde ich wach und aufmerksam und horche zu, ich meine: ich höre wirklich zu. Ich mache dann auf und sage: „Ja, ich habe verstanden. Hier ist etwas aus meinem höheren Plan heraus wich-tig. Bitte, sagt mir was es ist und führt mich.“

Dann heißt es meist warten und wach bleiben. Nein, natürlich nicht 24 Stunden pro Tag, aber Du weißt was ich meine. Und so war es auch mit Ho´Oponopono. Ich wurde immer wieder darauf aufmerksam und so wusste ich, dass es für mich wichtig ist.

Worum geht es?

Ho´ Oponopono ist für mich ein Weg, den ich gehe, ein Weg zu wahrem Frieden in meinem Herzen und um mich herum. Es ist für mich eines der heiligsten, einfachsten und wirksamsten Mantras.

Was bedeutet das Wort?

„Ho ´o" bedeutet „machen" und „pono" bedeutet „richtig". Es heißt also sinngemäß: Richtig, richtig machen. Schön, nicht wahr?

Wo kommt Ho´ Oponopono her?

Es ist ein uraltes, hawaiianisches Vergebungsritual. Die Hawaiianer gehen davon aus, dass Alles EINS ist, dass alles miteinander verbunden ist. Daher hat alles was dir begegnet, Menschen oder Situationen, ganz besonders etwas mit dir zu tun. Alles, was dir begegnet, möchte dir etwas über dich selbst mitteilen. Wenn du bereit und offen bist, hinzusehen, dann entdeckst du sehr schnell das Geschenk und die Lernaufgabe darin. Und dann können Wunder geschehen.

Die Veränderung liegt in dir – Du und nur Du hast es in der Hand, Deine Resonanz zu verändern.

Wie machen die Hawaiianer das?

Nun, es machen nicht nur die Hawaiianer, sondern weltweit alle Menschen, die damit an sich arbeiten und so Frieden, Verständnis für-einander und Liebe vermehren. Es basiert auf vier Sätzen, die man spricht.

Es tut mir leid. Bitte verzeih mir. Ich liebe dich. Danke.

Sie sind wie ein heiliges Mantra.

Ich will die Fragen in DEINEM Kopf gleich beantworten!

1. Nein, es hilft nicht, wenn man es nur so dahinsagt – vielleicht ein bisschen. Du musst das schon von Herzen ernst meinen, es öfter sprechen – wie ein Mantra eben, solange bis du in dir Veränderung spürst.
2. Nein, es ist oftmals nicht nach dem ersten Durchgang erledigt. Es hängt von der Heftigkeit des Themas ab, wie sehr es dich emotional trifft, wie alt es schon ist, wie bereit du selbst bist zu vergeben und zu heilen, wie viel du übst…
3. Doch ja, mitunter ist es langwierig. Aber glaub mir, es zahlt sich aus – jedes einzelne Mal davon!
4. Nein, es ist nicht in Ordnung (zumindest für mich nicht) andere damit zwangs zu beglücken – NICHT die anderen sollen es tun! Es geht um DICH – DEINEN Frieden mit der Situation, also Deinen Teil an der Situation!

Wie sind diese 4 Sätze zu verstehen?

Lass es mich in eigene Worte fassen und Dir danach ein Beispiel geben.

Es tut mir leid.

Ich gehe damit wirklich in die Reue. Ich sehe ein, dass etwas so ganz und gar nicht in Ordnung war in meinem Verhalten. Ich bin von ganzem Herzen bereit, an der Heilung und Harmonisierung der Situation zu arbeiten und meinen Beitrag zu leisten.

Bitte vergib mir.

Klar, oder? Aber es geht dabei auch darum, mir selbst zu vergeben – das war für mich oft der viel schwierigere Teil.

Ich liebe dich.

Dabei geht es natürlich nicht um die partnerschaftliche Liebeserklärung – kann auch sein, aber eben nicht unbedingt. Es geht vielmehr um Liebe allgemein, ganz aus dem Herzen heraus.

Danke.

Auch klar? Nicht unbedingt, denn oft sehen wir ja ganz und gar nicht ein, warum wir uns beim anderen bedanken sollen, wenn er uns etwas „angetan" hat.

Tja, und da geht's dann in die wahre Kunst des Ho´ Oponopono und um wahre innere Freiheit und Frieden.

Glaub mir, auch ich durfte viel üben und ich übe noch!

UND: Ich bin für jedes einzelne Mal zutiefst dankbar!

Siehst Du wie all dies mit dem „28 Tage ROSA" Experiment zusammenhängt, wie hilfreich es ist aus der Wertung auszusteigen?

Mittlerweile verwende ich auch „andere Formen" des Ho´ Oponopono. Vereinfachte Formen, die für mich aber sehr viel Tiefe haben und dem Original in Nichts nachstehen – im Gegenteil.

Ich nehme dann die Situation, die Menschen und mich einfach in mein Herz und lass die Engel und die Liebe selbst ihr heilsames Werk tun. Manfred und Bärbel Mohr nennen es „Hoppen". Dies würde jetzt hier den Rahmen sprengen. Literaturhinweise findest du im Anhang dieses Buches.

Beispiele aus meinem Leben

Ich will mir eben überlegen, was ich Dir jetzt erzählen soll, lasse mich dabei aber ganz von meiner höheren Weisheit führen und staune, dass sie gleich ein sehr krasses Beispiel ausgräbt. Das Bild dazu steht sekundenschnell vor meinem inneren Auge – ganz glasklar!

Ich sehe kaum fern. Vor etwa zwei Jahren sah ich allerdings so nebenbei eine recht bekannte Abendshow. Sie wurde damals noch von einem blonden, großen Deutschen moderiert.

War es Zufall, dass ich genau diese Sendung anschaute?

Laut „Ho´ Oponopono" nicht, denn wenn ich sie sah, hatte sie mit mir zu tun!

Vielleicht hast auch DU sie gesehen?! Es war die Sendung, in der der junge Sportler Samuel Koch mit Sprungfedern über Autos sprang, sich das Genick brach und seither von Hals abwärts gelähmt ist. Millionen Menschen sahen dabei zu.

Es traf mich unheimlich. Ich kenne ihn nicht, doch ER veränderte damals auch MEIN Leben schlagartig.

So vieles was mir immer selbstverständlich erschien, war es nun nicht mehr – ich war mir vieler Dinge mehr bewusst denn je. Wie oft bin ich jeden Tag aufgestanden, ganz selbstverständlich als wäre es selbstverständlich – ist es aber nicht! Seine Arme und Beine bewegen zu können, sehen, hören, sprechen, lachen und essen zu können ist eben nicht selbstverständlich. Wir betrachten es so, doch wie schnell kann sich das von einem auf den anderen Augenblick ändern?!

Muss ich weiterschreiben oder weißt Du was ich meine? Ich denke, ja…

Dankbarkeit hat in diesem Augenblick eine ganz andere Dimension für mich bekommen. Sie ist förmlich zu einem Seinszustand gewor-den.

Bügeln war bis zu diesem Augenblick nicht so "meins" – es hätte mich bei meinem Bändchenexperiment mehrmals wöchentlich zum Wechseln aufs andere Handgelenk gebracht…

Wie dankbar bin ich seither, dies tun zu können- dies und noch vieles mehr.

Was hat es mit Ho ´Oponopono zu tun?

Die 4 Sätze im Originaltext kennst du ja jetzt. Tief in meinem Inneren sahen sie allerdings dann in etwa so aus:

Es tut mir leid, lieber Samuel, dass dir dies widerfahren ist, dass deine Seele sich diesen Weg ausgesucht hat und nun tapfer geht, damit nicht nur du, sondern auch ich und viele andere daran wachsen und lernen dürfen….

(Das heißt nicht, dass alle Menschen mit so einem Schicksal die gleiche Seelenaufgabe damit haben – ich weiß auch nicht ob es bei Samuel Koch so ist – es war einfach mein erster Impuls dazu. Es kann auch ganz anders sein, denn ich kann in seinen Seelenplan nicht hineinsehen.)

Bitte vergib mir, dass ich in meinem Bewusstsein, meiner Acht-samkeit, noch nicht weit genug gewesen bin, sodass ich Beispiele wie dich brauche, um es zu lernen…

Danke. Aus tiefstem Herzen danke ich dir, dass du dein Schicksal auf dich genommen und mir selbst damit vielleicht erspart hast. Ich weiß nicht, ob ich selbst stark genug dafür wäre…

Der vierte Satz des Ho´ Oponopono ist: Ich liebe dich – in diesem Fall einfach von Seele zu Seele und neben anderen gilt dir meine größte Bewunderung…

Nun, es muss nicht immer so krass sein, aber vielleicht hilft es Dir, leichter durch die "28 Tage ROSA" zu kommen. Mir hat es enorm geholfen. Ich tu mir einfach leichter so Kleinigkeiten in meinem Alltag nicht mehr so ernst und wichtig zu nehmen, mich nicht mehr zu beklagen, wenn ich diese mit krassen Beispielen vergleiche. Vielleicht hast Du jetzt auch ein paar eigene Ideen aus deinem Leben dazu, entdeckst Geschenke in Situationen oder Menschen, die Du bisher nicht wahrgenommen hast, weil Du zu beschäftigt gewesen bist ….

Teil 2
Tagebuchaufzeichnung

Hier schenke ich DIR ein paar Erlebnisse aus meinem Alltag und Erkenntnisse, die mir das „28 Tage ROSA“ Experiment beschert hat. Vielleicht erkennst Du ja auch Dich in der einen oder anderen Situation wieder und vielleicht passt der eine oder andere Denkanstoß oder Lösungsansatz auch für Dich.

Tag 01 - Ein perfekter Tag

Es gibt Tage, da ist alles ganz leicht. Es gibt Tage, die sind einfach nur wunderbar und fabelhaft. Heute war so ein Tag – ein Tag an dem alles im „Flow“ war. Es gibt sie ganz sicher auch in Deinem Leben. Es war ein Tag, der sich als perfekter Starttag zu „28 Tage ROSA“ entpuppte.

Heute war nicht nur ein sonniger Herbsttag, sondern auch Sonntag und Sonnentag in meinem Herzen. Heute war ein Tag, an dem ich von morgens bis abends nur tat, was mir Spaß macht.

Gutes Obstsalatfrühstück. Zumba getanzt und meinen ersten Fernlehrgang zu meinen Blütenessenzen gestartet. Gekocht, gebacken und gut gegessen. Mit Junior gespielt und sogar zeitweise gewonnen. An meinem Blog zum Experiment gearbeitet. Wäsche gewaschen (ja doch – das macht mir Spaß – ich liebe saubere Wäsche). Einer neuen Buchidee in mir Raum gegeben. Herzyoga gemacht…

Sprich: heute war es leicht.

Auf die Idee von „Motzen“ oder Werten bin ich heute nicht einmal annähernd gekommen. Aber es ist ja erst Tag 1!

Weißt Du was ich im Laufe meiner Experiment-Durchgänge feststellte?

Wann immer ich einen neuen Anlauf nahm, kamen ganz besonders viele Gelegenheiten zum Üben – mehr als sonst! Zumindest anfangs - so als würde mich das Universum testen wollen, wie ernst ich es meine und wie „weit“ ich schon fortgeschritten bin…

Mit der Zeit bin ich dahintergekommen, dass es nicht das Universum war, sondern ich selbst – ich hatte mir diese Gelegenheiten kreiert, um mich selbst zu testen…

Meine Seele ist echt schlau. Je geübter und sicherer ich wurde, je mehr Vertrauen ich zu mir hatte, die Challenge zu bewältigen, je mehr gelungene Tage sich aneinanderreihten, desto weniger wurden die Gelegenheiten! Ist das bei Dir auch so? Ach so, Du hast noch gar nicht angefangen?! Na, dann wird es aber Zeit, meinst Du nicht?

Tag 02 - Minimotz

Ein verschlafenes Blinzeln lässt in mir den Verdacht nach Regentag aufkommen!

Sehr gut. Meine To-do-List ist eh lang und hat somit gute Chancen zu schrumpfen. Mein lieber Mann steht auf, um Juniors Morgen-Kakao zu brauen, das bedeutet für mich Galgenfrist! Hmmm, noch ein paar Minuten in meinem kuscheligen Bettchen, ein perfekter Wochenstart.

Plötzlich formt sich völlig unerwartet eine geniale Idee in meinem Kopf. Ich taufe meinen inneren „Motzer" und nenne ihn „Minimotz". Jetzt hat das Ding endlich einen Namen, ist personifiziert sozusagen und ich kann diskutieren. Das ist gut – so richtig gut – kommt mir sehr entgegen.

Ich stapfe in Richtung Bad und Toilette. Besetzt! Challenge! Dringend aufs Klo zu müssen und es ist besetzt, das geht gar nicht. Doch Minimotz ist noch nicht richtig munter und hebt gerade einmal seine linke Augenbraue. Glück gehabt! Puh!

Die nächste Herausforderung trifft mich kurz darauf in der Küche, sie gleicht nach einem nächtlichen Kochanfall meines Großen einem Schlachtfeld. Doch was entdecke ich zwischen den Teller- und Pfannenbergen? Mein flaumiger, veganer Zwetschgenkuchen lacht mich verführerisch an! Wer kann da schon widerstehen? Ich schmelze zufrieden dahin und Minimotz hat weiterhin Pause.

Mittags.

Nanu? Was ist mit Minimotz los? Regenschlafmodus?

Ich war soeben Auto fahren– da läuft er normalerweise zur Höchst-form auf.

Doch heute schielt er mich nur verschlafen und gelangweilt an: „Ist doch erst Tag 2!"

„Ok, na wenn du das sagst! Stimmt, es ist schon Tag 2!", grinse ich zufrieden vor mich hin. Ich stelle fest, dass diese Art mit dem Thema umzugehen sehr hilfreich sein könnte. Ob es deswegen besser funk-tioniert bleibt abzuwarten.

Tag 03 - Minimotz′ erste Chance

Welch interessanter Vormittag – gleich sooo viele Gelegenheiten zu motzen, zu bewerten oder zu widerstehen!

Zahnarztbesuch steht auf dem Programm - keine Lieblingsbeschäf-tigung von mir!

Dazu muss ich U-Bahn fahren – auch nicht eben eine meiner Lieblingsbeschäftigungen und jede Menge Potenzial für Bewertungen.

Beim Zahnarzt gibt es unerwartet Schwierigkeiten mit einer meiner beiden Krankenversicherungen – Stoff, um genervt zu sein.

Auto fahren von der U-Bahn nach Hause - großes Wertungspotenzial.

Wahlkampf in Wien – Unmengen an Plakaten und losen Versprechungen – eine Zerreißprobe für die Nerven.

Hunger und nach dem Zahnarzt eine Stunde nichts essen dürfen – ebenfalls Stoff, um genervt zu sein.

Aber ich habe ja mein rosa Bändchen, meine „28 Tage ROSA“ – Challenge, meine Entschlusskraft und bin heute in sehr bewusst dankbarer Stimmung.

Minimotz ist zwar hellwach und liegt auf der Lauer, aber hat er eine Chance?

Die U-Bahn-Fahrt dauert lange und ich habe jede Menge Zeit, um nachzudenken, ob es sich wirklich lohnen würde, mich über solche Peanuts aufzuregen.

1. Mein Zahnarzt ist echt genial, hat mir schon sehr oft Zähne gerettet, arbeitet gründlich und behutsam, fachlich kompetent und ist freundlich. Ich bin riesig froh über meinen Zahnarzt und freue mich letztendlich, dass alles in Ordnung ist.

2. Ich setze mich auf den einzig freien Platz und mir gegenüber sitzt ein sehr altes Ehepaar mit wettergegerbten, vom Leben gezeichneten, freundlichen, glücklichen

Gesichtern. Sie un-terhalten sich in einer mir unbekannten Sprache, lachen und strahlen unglaublich viel Wärme aus. Ich kann gar nicht anders und muss auch lächeln. Eine ältere Frau steigt zu, ich stehe auf und unsere Lächeln begegnen einander.

3. Ich werde bei der Versicherung anrufen und es wird sich alles klären. Ich bin dankbar, in einem Land zu leben, wo es ein so umfangreiches soziales Netzwerk gibt. Ich bin auch unendlich dankbar, gesund zu sein und dieses System nicht allzu oft in Anspruch nehmen zu müssen.

4. Es spielt eines meiner Lieblingslieder von „Simply Red" im Radio, die Autofahrt ist gerettet. So doof können sich die anderen gar nicht anstellen, als dass mir jetzt eine dämliche Meldung entschlüpfen würde. Ich schwebe in meinem „Simply-Red-Himmel" und trällere grinsend vor mich hin.
   UND: Ich entdecke jetzt nach so vielen Monaten, dass das mein ganz persönliches Rettungsanker beim Autofahren ist! Woohoo...
   5. Ach ja, Wahlkampf. Ich werde heute seltsamerweise kein einziges Mal auf der Straße angequatscht, bin abgelenkt und mit meinen Gedanken beschäftigt.

5. Ich beschließe mir eine ganz besondere Belohnung zu gönnen und koche mir ein leckeres Risotto. Mmmmm!

6. Minimotz legt sich frustriert wieder auf seinen Platz und ich lächle stumm vor mich hin. Ganz bewusst genieße ich meine treue Verbündete, die Dankbarkeit!

Keine weiteren Vorkommnisse und Herausforderungen.

Aber es ist ja erst/schon Tag 3!

Na? Hast Du Dich hin und wieder erkannt und ertappt gefühlt? Macht ja nichts! Du siehst, Du bist nicht alleine!

Tag 04 - Typisch Ich

Morgen fliege ich übers lange Wochenende nach Ibiza zu meiner Freundin. Den Flug habe ich schon vor Monaten gebucht, diesmal bei einer Billigfluglinie. Meine innere Stimme meinte noch recht deutlich, dass ich das lieber lassen sollte, doch ich hielt es mal wieder für Spinnerei in meinem Kopf, obwohl ich es doch mittlerweile besser wissen sollte. (Anmerkung: Du siehst, ich höre leider noch nicht immer auf meine „innere Stimme".)

Heute Morgen bekomme ich eine E-Mail von der Fluglinie mit allen Details, englisch versteht sich und ich stelle fest, dass ich nur einen kleinen Rucksack als Gepäck mitnehmen darf. Die Kosten für einen Koffer würden pro Flug zwischen 35.- und 60.- Euro betragen. Uff! Es geht nicht wirklich um den Betrag, sondern darum, dass ich diese Tatsache bisher völlig verschlafen hatte. Zum Glück bin ich vorerst zu sprachlos, um mich zu beschweren. Es würde auch keinen Sinn machen. Ärgern kann ich mich maximal über mich selbst! Und auch das würde jetzt nichts an der Situation ändern.

Klingt abgeklärt? Ja, ich übe ja auch schon seit einigen Monaten…

Folgende Möglichkeiten bleiben mir:

- mich ärgern und trotzdem zahlen – keine Option
- mich NICHT ärgern und sehen wie ich alles aufs Nötigste reduzieren kann - Option
- Das nächste Mal keinesfalls zweifeln und auf meine Angies hören – beste Option!

Da ich nach wie vor guten Willens bin, entscheide ich mich für die Punkte 2+3, sehe mein rosa Bändchen an, seufze tief und hole meinen Rucksack.

Nun gut – neue Erfahrung! Es ist bestimmt spannend, mit sehr wenig Reisegepäck auskommen zu müssen.

Mal sehen, was der Tag sonst noch an Überraschungen bereithält. Noch ahne ich nicht im Geringsten, welche Bedeutung die Rucksackgeschichte noch bekommen sollte, bald schon!

Minimotz? Der hat sich schmollend in eine Ecke zurückgezogen und meint maulend: „Ist ja erst Tag 4!“

Tag 05 - Ein Rucksack voll Reichtum

Das Wunder ist vollbracht!

Da ich den halben Badezimmerinhalt und den größten Teil meines Kleiderschrankinhaltes ebenfalls zu Hause gelassen habe, passt alles in den kleinen Rucksack. Mal sehen, was die Damen beim Check-In-Schalter am Flughafen dazu sagen!

Nachdenklichkeit macht sich in mir breit.

Dieses Jahr war in vielen Teilen Österreichs Hochwasser – Rekordhochwasser. Viele Menschen hatten danach nur noch, was sie am Leib trugen, sonst nichts. Hoffnungslosigkeit, Fassungslosigkeit, Verzweiflung.

In vielen Teilen der Welt herrscht Krieg. Menschen sind auf der Flucht und haben, wenn überhaupt, nur noch das Nötigste zum Leben.

Wie viele Menschen sind obdachlos, haben ebenfalls nur das, was sie am Leib tragen?

Bei so viel Leid (ich weiß, das ist meine ganz persönliche Ansicht und vielleicht auch Wertung dazu) stoße ich trotz aller geistiger Bewusstheit über Seelenplan, freie Wahl, Karma und dergleichen total an meine Grenzen! Es ist für mich einfach so unvorstellbar.

Und was habe ich? Einen kleinen Rucksack voll Reisegepäck! Ein ganzes Universum im Vergleich. Und es ist nur für drei Tage. Ich kom-me ja wieder und habe danach den restlichen Badezimmerinhalt zur Verfügung! Ich fliege zu einer Freundin, die ebenfalls ein Badezimmer hat und ich habe Geld auf meinem Konto sowie eine funktionierende Bankomatkarte.

Welch Reichtum! Welch tiefe Bedeutung dies noch bekommen sollte, ahnte ich nicht im Geringsten!

Ich weiß nicht wie es Dir geht, aber ich kann in so einem Zustand unmöglich werten, urteilen, motzen. Ich fühle mich verbunden, getragen, gesegnet, dankbar.

Die Dankbarkeit ist mir ein täglicher, treuer Begleiter. Sie hat mich viel gelehrt und sie hat sich tief in mir verankert. Es ist nicht mehr wie früher bei einem dahingesagten, höflichen Danke. Nein, es kommt tief aus meinem Herzen, ist ein Gefühl, ein Zustand, der trägt, nährt und meine Schwingung in Rekordgeschwindigkeit hebt.

UND:

Sie ist ein Magnet. Ich finde unaufhörlich mehr Gründe, um dankbar zu sein! Probiere es aus! Nein, nicht halbherzig und irgendwie, so richtig, tief und innig! Das ist übrigens ein sehr hilfreicher Navigator durch das „28 Tage ROSA“ – Experiment!

Wann hast du lieber Leser/liebe Leserin dich das letzte Mal mit dem Inhalt eines Rucksackes reich, beschenkt und gesegnet gefühlt? Noch gar nicht? Dann lies ein bisschen weiter, vielleicht änderst Du Deine Meinung in ein paar Minuten. Wenn nicht, so ist es auch ok.

Ob ich heilig bin? Fünf Tage nicht gemotzt und gewertet! Oh nein! Weit gefehlt und es ist auch nicht mein Ziel. Das kann ich dann später „oben im Himmel“ wieder sein. Jetzt bin ich Mensch, hier auf der Erde, mit allem was dazu gehört. Und ich genieße es! UND: Ich habe drei Kinder, die Mamas Explosionsknöpfe sehr genau kennen. Und ich trau mich wetten, sie werden sie in den nächsten 23 Tagen finden. Alle! Und drücken!

Tag 06 - Alltagselefanten

Ich bin gut in Ibiza gelandet, alles hat reibungslos geklappt und ich freue mich riesig, meine Freundin wohlauf wieder zu sehen. Sie ist schwer krank gewesen.

Wir tratschen eine Weile und genießen unser Wieder-sehen, doch dann erzählt sie mir von einer gemeinsamen Bekannten.

Die junge Frau, Mutter von zwei ganz kleinen Kindern, kam ein halbes Jahr zuvor mit ihrer Familie aus Deutschland auf die Insel. So erfüllten sie sich einen Lebenstraum. Sie ist derzeit in Karenz und ihr Mann war spiritueller Lehrer und viel auf Tour. Im Sommer machten sie Heimaturlaub in Deutschland und dort brach ihr Mann unerwartet zusammen – Herzinfarkt mit nicht einmal 40 Jahren. 2 Wochen Koma und dann Tod. Und damit nicht genug, blieb ein riesiger Schuldenberg und sie lebt derzeit in einer deutschen Stadt mit den Kindern in einem Obdachlosenheim.

Ich bin einfach nur fassungslos, im wahrsten Sinne des Wortes. Was mir alles durch Kopf und Herz geht, vermag ich nicht in Worte zu fassen, aber ich denke, das muss ich auch nicht. DU verstehst mich, nicht wahr?

Welch Reichtum ist ein kleiner Rucksack voll Gepäck!!!
Rückblickend ergibt dies alles wieder so unglaublich viel Sinn. Hätte ich mich gestern wirklich geärgert und gemotzt, dann hätte ich mich dafür jetzt in Grund und Boden geschämt. Angesichts solcher Schicksale wird für mich jede Alltagskleinigkeit, die sich sonst gerne zu Riesenelefanten aufbauscht, ein verschwindend kleiner Punkt.

An Motzen, Urteilen, Werten ist heute nicht mehr zu denken und auch die nächsten Tage nicht.

Ergriffenheit vermischt sich mit dem Wunsch helfen zu wollen und mit Dankbarkeit für mein eigenes Sein, Bewusstsein über Vergänglichkeit, Freude über das Überleben meiner Freundin nach einer schweren Operation, Demut, …
Meine Blickwinkel verschieben sich einmal mehr…

Welche Mischung macht sich in Dir breit? Wie ist das mit deinen Alltagselefanten lieber Leser/liebe Leserin?

Tag 07 und 08 - Multiple Persönlichkeit

Die Tage in der Spätsommerhitze sind wundervoll. Die Zeit mit meinen Freunden ist einfach genial und ich genieße alles, was ich habe, bin und sein darf, mehr denn je. Minimotz? Erraten, der aalt sich in Ibizas Sonne und denkt nicht einmal annähernd daran, sich zu zeigen, wenn da nicht meine Freundin wäre, die ab und zu gerne den perfekten Paparazzi hervorkehrt. (Fairerweise muss ich zugeben, dass ich sie diesmal darum gebeten habe, weil ich mich einer weiteren ganz persönlichen Herausforderung stellen will.)

Wenn Du wissen willst, ob deine innere Kritikerin/dein innerer Kritiker noch lebt, übrigens die beste Freundin oder der beste Freund von Minimotz, dann lass dich fotografieren! Du weißt, was ich meine?!

Nicht die retuschierten Fotografenbilder, sondern die unbarmherzigen Schnappschüsse!

Die Alltagselefanten habe ich mittlerweile ziemlich dezimiert, doch da gibt es noch den täglichen Blick in den Spiegel und die Fotos, die mir unmissverständlich mitteilen, dass es Zeit ist, mehr Sport zu machen. Diese Zeit ist längst überfällig, um genau zu sein!

Ach, das ist bei Dir auch so? Na, da bin ich aber beruhigt! Hilft mir nur leider nicht!

Mein inneres Duo ist mittlerweile hellwach, grinst mich siegessicher an und bringt mich tatsächlich ins Schwitzen und an den Rand des Handgelenkwechsels für mein rosa Bändchen!

Doch STOP!

Will ich jetzt wirklich so schnell kapitulieren?

Dann schaffe ich die 28 Tage nie!

Mein Thema!

Es ist da, will angesehen und behoben werden! Und es ist meine ganz persönliche Superchallenge!

Mein innerer Schweinehund meldet sich zu Wort: „Also jetzt mach mal halblang! Solange du in EIN Hosenbein von so manch anderer Person passt, brauchst du dir über Sport wirklich nicht den Kopf zu zerbrechen. Lass uns lieber weiter chillen!“

Huch, noch eine Person in mir!

Wo passen die eigentlich alle hin? Stimmt, so dick bin ich nun auch wieder nicht!

Auch die innere Göttin ist erwacht: „Lass dich doch von dem Faulpelz nicht schon wieder ins Boxhorn jagen. Schau in die Auslagen und freue dich auf einen Belohnungseinkauf, wenn du dein Wohl-fühlgewicht erreicht hast. Guck mal in die Zukunft, wie klasse WIR dann wieder aussehen!“ Noch eine Person! Und: „WIR“?

Mein Gott, wie viele haben in mir eigentlich was zu sagen und mitzureden?

Wohnen in Dir auch so viele verschiedenen Zeitgenossen?

Minimotz und meine innere Kritikerin im Duett: „Guck dir die Fotos an und dann sei mal ganz ehrlich: Auf den Laufsteg kannst du damit nicht gehen!“

RUHE! Jetzt reicht es! Raus mit euch! Sofort!

Widerwillig verlassen alle meinen inneren Raum. Stille. Endlich!

Und was jetzt? Was ist da übrig? Was will ich, als Seele, als Mensch, als Frau?!

Was willst Du liebe Leserin/lieber Leser, wenn nur du selbst zu Hause bist in dir? Was sagst Du zu dir selbst, wenn Deine Selbstliebe spricht? Ohne Wertung bitte!

Meine Lösung zeigt sich bald unverhofft, aber dazu später!

Tag 09 - Segensreiche Verknüpfungen

Heimreise. Ja, drei Tage vergehen schnell. Es ist Tag 9, fast schon Rekord (bisher war 11 meine Höchstzahl!).

Auf dem Heimflug bekam ich immer wieder den Impuls, der jungen Frau zu helfen. Du erinnerst dich – die junge Frau mit den vielen Schicksalsschlägen auf einem Haufen?! Ich erhielt klare Anweisungen was ich tun sollte, auch wenn ich mir darauf in dem Moment keinen Reim machen konnte. Die „innere Stimme“ war wieder ganz laut und klar, unmissverständlich.

Die Anweisung lautete: „Kontaktiere eine bestimmte Teilnehmerin aus dem Malseminar im vergangenen Juni. Sie kennt die junge Frau auch und sie ist die Person, die jetzt weiterhelfen kann.“ Hm,…

Ich war gespannt und ein wenig skeptisch. Das klang ja doch ein bisschen schräg und ich bin ein Mensch, bei dem Geheimnisse und Geständnisse sehr gut aufgehoben sind. Ich neige nicht dazu, Dinge über Menschen auszuplaudern. Das ist vermutlich auch einfach eine „Berufskrankheit“ von mir. Ich tat aber zu Hause, wie mir geheißen und schrieb besagter Person eine E-Mail in dem ich die Vorfälle kurz schilderte. Am nächsten Morgen bekam ich bereits Antwort.

„…ich hoffe du bist online. Es gibt eine sehr schnelle Lösung für alles was die Kinder benötigen. Mein Vater ist Vorstandsvorsitzender einer bekannten Stiftung. Er kann Windeln und Grundausstattung alles was die Kinder benötigen - SPENDEN!! Wir brauchen eine genaue Liste - und Angaben…“

Große Kulleraugen, offener Mund und Sprachlosigkeit hatten eine Weile die Oberhand. Nicht auszudenken, wenn ich meiner inneren Stimme, also den Engeln, nicht gefolgt wäre! Vieles kam seither in Bewegung. Diese liebe Person nahm vor Ort alles ganz selbstverständlich in die Hand, nahm Kontakt auf zu jener Frau. Sie ist ihr Halt und Ratgeberin, Organisatorin, Zuhörerin und Stütze. Ich habe immer wieder Gänsehaut, wenn ich nur daran denke. Eine weitere Freundin von mir ist auch nahe vor Ort und hilft bei der Renovierung einer ganz kleinen Wohnung, die mittlerweile gefunden werden konnte. Die Familie erhielt nach Monaten die erste warme Mahlzeit und Vieles mehr. Wie machen das unsere himmlischen Unterstützer eigentlich? Mein menschliches Hirn vermag das alles nicht zu erfassen – muss es auch nicht!

An dieser Stelle nochmals unendlichen Dank ihr lieben „Erdenengel“ vor Ort für euer selbstverständliches Helfen und alles was ihr tut! Ich liebe euch! Ich weiß, ihr lest das…

Tag 10 - Unerwartete Hilfe für mich

Challenge!

Gut gelandet und glücklich zu Hause angekommen erwartet mich folgendes Szenario!

Die Katze hat das Vorzimmer mit dem Katzenklo verwechselt und keiner hat´s gemerkt. Ich frage mich: „Haben Männer Tomaten auf den Augen und Stöpsel in der Nase?“ Ich werde mal nachsehen. Sorry, aber es waren nur die Männer des Hauses zu Hause, Mann und die beiden Sohnemänner.

Der Bügelberg ist auf einen Meter angewachsen – vielleicht hätte ich ihnen die Bedienungsanleitung fürs Bügeleisen rauslegen sollen?

Junior: „Hallo Mama – du bist wieder da? Äh – du solltest Sport machen…“ Danke fürs Erinnern – das hätte ich doch fast vergessen…

Der große Junior liegt völlig erledigt auf der Couch herum, da er gestern einen Halbmarathon gelaufen ist – ich bin stolz auf meinen ehemaligen Couchpotato. Immerhin hat er dies durch intensives Training in einem Jahr erreicht und dabei 15 kg abgespeckt –davor hat er nach fünf Treppen schon nach Luft gejapst. Äh ja: irgendwie ist das offenbar machbar mit dem Schweinehund überwinden und sporteln.

Mein Auto wurde in der Zwischenzeit in die Werkstatt gebracht – ähm, kann mich nicht erinnern, dass es kaputt war…

Und da passiert es!

Kleiner Junior! Die Hartnäckigkeit in Person! Man könnte es auch Zielstrebigkeit nennen, wenn es nicht gerade um die Schule geht. Naja, es gibt bestimmt auch noch andere Begriffe für seine Stärke, aber die fallen mir grade eben nicht ein…

Vorgeschichte

Ja, Junior – Sparmeister und genialer Verhandler, wenn es um die Entlohnung für seine Jobs geht. Wie alt er ist? 12 Jahre. Ja ich weiß auch nicht von wem er das hat – von mir jedenfalls nicht.

NEIN – keine Sorge, Kinderarbeit gibt es auch bei uns zu Hause nicht! Aber er hat so seine recht hochgesteckten Sparziele, was von uns sehr unterstützt wird, und die Eigenschaft, diese in Rekordzeit zu erreichen und dafür versucht er bei uns „bezahlte“ Jobs zu ergattern.

Das läuft dann ungefähr so ab:

Junior: „Papa, hast du einen Job für mich?“
Papa: „Rasen mähen!“
Junior: „Zu anstrengend. Was anderes bitte!“
Papa: „Mist ausleeren.“
Junior: „Igitt! Ich frag besser die Mama!“

Junior: “Mama, hast du einen Job für mich?“
Ich: „Geschirrspüler ausräumen, Wäschen aufhängen, Mist ausleeren, staubsaugen,…“
Junior: „Wie viel bekomm ich dafür?“
Ich: „Wie viel willst du denn?“
Junior: „Echt? Kann ich mir das aussuchen? 10.- Euro pro Job!“
Ich: „Maximal 1.- Euro“
Junior: „Zu wenig“
Ich: „Danke, ich mach´s selbst!“

Lösung und Blitzidee

Juniors angeborene Hartnäckigkeit könnte sich als siegreicher Gegner meines Schweinehundes erweisen. Wenn den wer bezwingen kann, dann Junior! Das ist es!

Ich: „Hast du Lust auf einen Job?“
Junior: „Was muss ich machen und was bekomme ich dafür?“
Ich: „Bitte, mich jeden Tag solange an Sport erinnern, bis ich es mache. Und pro Kilo weniger bekommst du so und so viel Euro.“
Junior: „Ok. Mach ich! Mama, mach Sport. Mama, mach Sport. Mama, mach Sport!“

Ich glaube die Schallplatte hängt. Ich hole meine Sporthose und freunde mich mit dem Hometrainer an.

Und die anderen Punkte? Äh, die habe ich angesichts der Blitzidee ganz vergessen und der aufkeimende Unmut ist verraucht, ehe er auch nur annähernd die Oberfläche oder gar meinen Mund erreicht hat. Die restlichen Dinge lösen sich in Wohlgefallen auf.

Übung macht halt offenbar doch den Meister. Und das Bändchen?! Es ziert einen Tag mehr mein linkes Handgelenk! Minimotz? Der wird schön langsam unruhig…

Tag 11 – Ho´Oponopono des Alltags

Challenge!

Ich habe schlecht geschlafen, Bauchschmerzen, Kopfschmerzen und bin dementsprechend gelaunt. Junior fällt fünf Minuten vor dem Weggehen ein, dass er seinen Fahrausweis verschlampt hat.

„Aaaaaaaaaaaaa!“ Alarmstufe ROT! Oder ROSA!

Minimotz und seine Freundin sind hellwach (ich jetzt übrigens auch) und schleifen schon an der Formulierung der Schimpf-kampagne. Junior hat Glück, denn Papa findet die Fahrkarte. Wie gut er doch seinen Junior und dessen Schlampigkeitsverstecke kennt!

Mein Glück ist es ebenfalls, denn es gibt mir die Gelegenheit noch rechtzeitig still zu sein, innezuhalten, nachzudenken und mir zu überlegen, was mir Junior da wieder gespiegelt hat (spiegeln kommt in diesem Fall von Spiegelgesetz: Die Außenwelt zeigt dir, was sich in deiner Innenwelt abspielt. Wie Außen so Innen). Später, nach einer wohlig warmen Dusche und einem leckeren Frühstück nehme ich mir meine Lieblingswerkzeuge zu Hilfe: Dankbarkeit und Ho´ Opono-pono.

Das sah in etwa so aus: Ich lege einen meiner Lieblings-Songs als Dauerschleife in den CD-Player. Ich denke liebevoll an meinen Sprössling (das fällt mir verständlicherweise nicht schwer), verbinde mich mit meinem Herzen, lege die Hände auf mein Herz, lausche meinem Atem und meinem Herzschlag und warte, bis ich ganz bei mir angekommen bin.

Dann lasse ich die Morgenszene noch einmal ruhig an mir vorüberziehen und die Sätze des Ho´ Oponopono samt Zusatz fließen einfach aus mir heraus: „Es tut mir aufrichtig leid Junior – ich habe schlecht geschlafen und fühle mich nicht gut – Du kannst nichts dafür. Bitte verzeih mir. Ich danke dir, dass du mir aufgezeigt hast, wo ICH Dinge so lange vor mir herschiebe, bis ich unter Zeitdruck gerate und auch nervös werde. Ich habe dich aus tiefstem Herzen ganz, ganz lieb.“

Thema Sport: Heute hat mein lieber Schweinehund gewonnen. Junior war kaum zu Hause und ich war einfach zu milde gestimmt und hatte so gar keine Lust auf Diskussion. Ich war auch einfach zu müde!

Ich stelle allerdings ganz befriedigt fest, dass ich mich erstmals nicht dafür bewerte, auch nicht für die Menschlichkeit der Morgensituation!

Tag 12 - Der Google im Universum

Ein wundervoller Vormittag mit meiner Freundin wartet auf mich. Meine Freude ist riesig, doch so ein Vormittagsplauscherl birgt auch jede Menge Gefahr für das „28 Tage ROSA“ – Programm!
“Gefahr?“, wunderst Du dich. „Warst Du schon mal mit einer Freundin quatschen? Klar?! Und worüber habt ihr euch den ganzen Vormittag oder Abend unterhalten? Siehst du!“

Tag 12, beinahe Halbzeit! Sie weiß um meine Aufgabe und erweist sich als wahre Freundin! Sie führt mich nicht in Versuchung! Ob Du es jetzt glaubst oder nicht, man kann auch miteinander philosophieren statt motzen. Am Anfang muss man es vielleicht bewusst tun, doch dann wird es immer leichter und selbstverständlicher! Und es funktioniert natürlich nur dann, wenn beide dasselbe Ziel haben.

Was sich jetzt so leicht und beinahe langweilig anhört, war für mich lange, lange üben! Nicht erst seit Jänner, auch schon einige Zeit davor! Naja, vielleicht bist Du ja schneller! Ich meine, es gibt doch dieses Feld – das morphogenetische Feld! Da hängen alle Informationen drin rum und jeder kann beliebig zugreifen – der „Google im Universum“ sozusagen. Meine Erfahrungen und das Meistern so mancher Situation sind dort zur freien Entnahme abrufbar sozusagen. Und vermutlich nicht nur meine! Also: Greif zu! Geistig versteht sich.

Erinnerst Du dich noch daran, was sich deine Seele für dieses Erdenleben vorgenommen hat? Was ist Deine Passion, deine Leidenschaft? Was bringt Dein Herz zum Singen? Wobei hast DU am meisten Freude?

Wovon träumst du noch? Was hält dich davon ab? Eine Menge Fragen, nicht wahr? Ja darüber kann man lange philosophieren! Und es lohnt sich! Probier`s doch einfach aus! Das Leben ist so reich an Wundern und so spannend! Meine Freundin und ich: wir haben uns sehr lange über die kleinen und großen Wunder in unserem Leben unterhalten! Wir haben uns vor Augen gehalten, wie viel schon geschehen ist, was wir in unseren kühnsten Träumen nicht gedacht hätten. Eines hat einfach das andere ergeben…

Tag 13 - Der Weg ist das Ziel

Es ist schon eigenartig, wie jeder „28 Tage ROSA“ - Durchgang anders ist. Völlig anders.

Beim ersten Anlauf im Jänner war ich hauptsächlich damit beschäftigt, mich zu beobachten, zu kritisieren, mich auch zu ärgern, wenn ich es wieder nicht geschafft hatte und wieder das Bändchen auf das andere Handgelenk wechseln musste. Ich war in der ersten Zeit damit beschäftigt, herauszufinden wo noch meine Hauptthemen lagen und wo ich noch an mir arbeiten durfte und wollte.

Es war ein sehr spannender Bewusstseinsprozess, ich war jedoch weit davon entfernt 28 Tage hintereinander ohne Werten, Motzen und Urteilen zu schaffen. Ich gab vorerst auf, zog mich einige Wochen in mein ganz persönliches „Ho´ Oponopono Retreat“ zurück und begann zu reflektieren und aufzuarbeiten. Ich trug das Bändchen wohl weiterhin jeden Tag und es war mir jeden Tag eine liebevolle, dienliche Erinnerung der Achtsamkeit und Liebe.

Der zweite Anlauf im Frühling, im Zuge der Fastenzeit und nach meinem Retreat, war geprägt von tiefer Demut und Dankbarkeit, denn es war die Zeit des katastrophalen Hochwassers in weiten Teilen Österreichs und Europas. Ich schaue zwar kaum Nachrichten und lese auch so gut wie nie Zeitung, doch das ging auch an mir nicht vorüber.

Ich weiß nicht, wie es Dir geht aber bei mir verursachen solche Situationen immer so eine Art Dimensions-verschiebung in meinem Blickwinkel. Sie öffnet ungeahnte Räume des Bewusstseins und vertieft meine Dankbarkeit noch mehr und mehr und mehr. Diese Dankbarkeit wird dann zu so einer Art Dauerzustand und sie ist es, die es plötzlich ganz leicht macht, das Bändchen auf einem Handgelenk belassen zu dürfen.

So kam ich immerhin schon auf elf Tage an einem Stück. Danach erwischte ich mich beim Motzen und musste wieder von vorne beginnen. Hatte ich deswegen versagt? Ich wälzte meine Gedanken zu diesem Thema lange hin und her. Doch irgendwann kam ich zu dem Entschluss: NEIN! Im Gegenteil! Ich hatte viele Tage, die ich, ohne zu werten, zu urteilen und zu motzen zugebracht hatte, gewonnen. Auch wenn es noch nicht durchgehend 28 Tage waren, so waren es doch unzählige Momente und Situationen, wo Liebe und Frieden die Oberhand gewonnen hatten, wo es mir gelungen war Gandhis Weisheit zu leben: Sei du die Veränderung, die du dir für die Welt wünscht."

Und so wurde mir klar, dass es viele kleine Teilsiege waren, die sich irgendwann zu einem durchgehenden 28 Tage-Sieg zusammenfügen würden. Nichtsdestotrotz mache ich diese Challenge jetzt ein drittes Mal. Manchmal packt mich dann halt doch der ganz persönliche Ehrgeiz! Und diesmal ist es wieder anders – ganz anders! Ich stelle fest und begreife auch hier: Der WEG ist das ZIEL!

Tag 14 - Stürme des Lebens

Halbzeit! Ich sollte mich eigentlich freuen – so weit war ich noch nie! Heute ging auch mein Blog zu diesem Experiment online. Ich hatte endlich genug Mut und jede Menge himmlische und irdische Unterstützung auf diesem Weg. Ich bin unendlich dankbar dafür. Und dennoch bin ich heute einfach auch traurig.

Ein Sturm ist durch mein Leben gefegt – er hat meine Freundin und mich erwischt – unangekündigt, unerwartet und heftig für uns beide. Ich muss mich erst sammeln und reflektieren, in mich hineinhorchen, was denn eigentlich Sache ist. Wir haben uns nicht persönlich miteinander gesprochen, sondern nur gelesen und irgendwie sind dabei eine Reihe Missverständnisse entstanden.

So ist das manchmal mit den geschriebenen Wörtern, jeder kann dann seine Fantasie spielen lassen, interpretieren, vielleicht auch werten…

Ich halte inne, schaue auf mein Bändchen und weiß: Recht zu haben ist mir nicht wichtig, SIE ist mir wichtig, unsere Freundschaft ist mir wichtig! Was ich zu diesem Zeitpunkt noch nicht weiß, sie denkt das Gleiche. Während ich einige Zeilen für sie verfasse, tut sie Ähnliches für mich. Doch beide ahnen wir nichts.

Ich mache das, was mir in solchen Situationen immer am meisten geholfen hat. Wann immer es in den letzten Jahren Herausforderungen mit Menschen gegeben hat, Machtspiele und Streit gedroht haben, habe ich mich zurückgezogen, habe das Feld geräumt. Aus welchen Gründen? Hm, vielfältig vermutlich…

Weil ich Streit sinnlos finde, vielleicht auch aus Feigheit, aus Traurigkeit, aus Ratlosigkeit, …

Ich begebe mich auch diesmal in mein innig geliebtes Ho´ Oponopono – Retreat. Ich nehme alles einfach mal in mein Herz, den ganzen Komplex, das ganze Gefühlswirrwarr in mir, die Situation an sich, den anderen Menschen, lasse dabei meine Tränen einfach zu und warte was geschieht. Es dauert nicht lange da wird es warm in mir und leicht – damit habe ich nicht wirklich gerechnet. Ich spüre unsere Ver-bundenheit, unser Band, die Vertrautheit und Liebe und ich weiß, dass wir diesen Sturm überstehen werden.

Die wundervolle Weisheit meines Herzens beginnt sich in mir auszubreiten, mich zu tragen. Mein ROSA Bändchen, es begleitet mich und schenkt mir Zuversicht.

Es ist nicht immer einfach mit den Stürmen des Lebens, sie kommen oft ohne Sturmwarnung, ohne dass wir uns wappnen und vorbereiten können.

Sie gehören einfach dazu, die Stürme des Lebens – noch!

Sie gehören auch zu meinem Leben.

Sie gehen aber auch wieder vorbei und dann herrscht himmlische Ruhe.

Sie bringen uns an so manche Grenze und lassen uns wachsen!

Du fragst dich jetzt ob ich mein Bändchen wechseln musste, ob ich geschimpft und gewertet habe?

Nein, meine Gefühle haben mir dafür gar keine Zeit und keinen Raum gelassen und das durfte ich heute entdecken und lernen.

Ich liebe sie, meine Freundin und das wird immer so sein, egal was kommt und egal welcher Sturm uns grade erfasst. Das darf und kann eine Freundschaft aushalten. Ja wir haben den Sturm überstanden, konnten alles klären und beide PCs mussten einer Salzwasserflut standhalten!

Ich wünsche auch Dir liebe Leserin/lieber Leser Freunde, die mit Dir durch deine Stürme des Lebens gehen!

Tag 15 - Persönliche Paradiese

Ich komme soeben von meiner zauberhaften Freundin Giualia. Bei ihr sein zu dürfen und von ihr bekocht zu werden ist eines meiner ganz persönlichen Paradiese auf Erden! Giulia ist eine ganz, ganz liebe Herzensfreundin von mir und hat eine kleine „Wunderwelt", eine Wunderwelt voll herrlicher selbstgemachter Leckereien veganer Art, mittlerweile ihr erstes eigenes Kochbuch veröffentlicht und ganz, ganz viel Herzensweisheit in sich.

Dabei war ich war wieder einmal U-Bahn fahren. Zeit, viel Zeit zum Nachdenken. Wenn ich in Giulias Wunderwelt war, dann ist meine Welt danach zutiefst ROSA. Minimotz hat keinerlei Chance. Apropos, wo ist denn der kleine Kerl? Ich habe ihn schon lange nicht gesehen!

Hast Du auch so eine Wunderwelt und so eine Giulia? Wenn nicht, dann finde sie. Es gibt sie auch für Dich, ganz bestimmt! Das sind Menschen, mit denen es ganz leicht ist, durch „28 Tage ROSA" zu kommen.

Hast Du auch so ganz persönliche Paradiese auf Erden? Einen besonderen Platz in der Natur? Eine Buchhandlung? Ein Lieblingscafé? Was auch immer,

wie oft gönnst Du dir das? Wie oft tankst Du dadurch auf, bist wieder ganz zufrieden und glücklich mit dir und deinem Leben?

Tag 16 - Grenzwertig

Hu, heute Morgen ist es wirklich hart an der Grenze! Nur eiserner Wille und Selbstbeherrschung retten mich in allerletzter Not. Jaja, das kommt beizeiten auch bei mir noch vor! Nein, ich habe nicht gemogelt! Ich habe mich beherrscht, Minimotz einen strengen Blick zugeworfen, mir auf die Zunge gebissen und mir kurz überlegt, die restlichen zwölf Tage vielleicht doch in einem Kloster zu verbringen! Was ist geschehen?

Mein Mann hat ein neues Büro bekommen und daher sämtliche auch für mich praktischen Dinge ins Büro übersiedelt, auch unseren (ok, seinen) tollen Drucker.

Soweit, so gut und alles in bester Ordnung. Gestern Abend hat er mir erklärt: „Ist ja eh noch unser alter Drucker zu Hause.“ Auch noch alles gut.

Heute Morgen musste ich ausnahmsweise etwas Wichtiges ausdrucken und machte das auch. Frische Tintenpatronen waren im Drucker, genug Papier auch. Doch das Ergebnis ließ mehr als nur zu wünschen übrig, war weit entfernt von brauchbar.

Folgender Dialog entstand.

Ich: „Sag, weißt du was mit dem Drucker los ist?“

Mein Mann: „Ja, der Druckkopf ist kaputt. Wir brauchen einen neuen.“

Du hast keine Ahnung, was mir in diesem Moment alles auf der Zunge lag! Aber wo ein Wille, da ein Weg!

Ich schwieg und begnügte mich mit einem strafenden Blick in seine Richtung. Sogar Minimotz verkrümelte sich. Er wusste: Jetzt ist gar nicht gut Kirschen essen mit mir!

Statt der Dinge, die ich eigentlich sagen wollte, quetschte ich ein: “Ok, wann gehen wir Drucker kaufen?“ hervor.

Auch mein Mann hat begriffen: Jetzt ist grad gar nicht gut Kirschen essen mit ihr.

Da ich für den Vormittag ein gutes Frühstück mit einer Freundin geplant hatte, das ich keinesfalls bereit war abzusagen, einigten wir uns darauf, mittags einen neuen Drucker zu kaufen.

Zwischenstopp:

Ich höre schon förmlich Deine Frage: „Hat die nichts anders zu tun als ständig mit Freundinnen zu frühstücken?“ Doch…

Mutter von 3 Kindern sein, Hausfrau, Ehefrau, Therapeutin, Blog schreiben, Buchverlag suchen fürs erste Kinderbuch, Fernlehrgang betreuen, mich um den Aufbau meiner Firma kümmern, Garten betreuen, kochen, waschen, bügeln, Aufgabe machen mit dem Jüngsten, zum Elternabend gehen, Katzen füttern, …

Dazwischen lesen, Tag träumen, mit Freundinnen frühstücken, meditieren, mich in Facebook verquatschen, Musik hören, ab und zu Sport treiben, …

Das geht sich ganz leicht aus – der Tag hat ja vierundzwanzig Stunden, auch wenn ich mindestens acht davon verschlafe…

Aber ich sag´s Dir – man soll wirklich niemals frühzeitig motzen! Gut, dass ich´s gelassen hatte.

Ich ging natürlich frühstücken und der Tag bekam einen entspannten, angenehmen Touch.

Mein Handy läutete. Mein lieber Göttergatte war dran.

„Du ich habe es mir überlegt – ich kaufe mir einen neuen Drucker fürs Büro. Ich wollte schon lange einen leistungsstärkeren haben. Wann soll ich denn den Drucker nach Hause bringen?“

Du kannst dir gar nicht vorstellen, wie breit mein Grinsen in diesem Augenblick wurde!

Und Minimotz? Ja, der wird schön langsam nervös: „Nur noch zwölf Tage!“

Tag 17 - Alltagswunder

Leben ist das, was passiert, während man selbst andere Pläne hat! Kennst Du das?

Heute Morgen hatte ich keine Zeit am Blog zu arbeiten, da Mittwoch mein Kliententag ist. Vor dem ersten Klienten hatte ich noch einiges zu tun und so verschob ich das Schreiben auf die Mittagspause. DU wirst gleich sehen, warum auch das seinen Sinn hatte, den ich zu diesem Zeitpunkt allerdings auch nicht im Entferntesten ahnen konnte!

Meine erste Klientin war bereits da und das Telefon läutete. Ich hebe in so einem Fall nicht mehr ab, doch meine „innere Stimme“ war lauter: „Heb ab, das ist wichtig! Am Apparat war meine Freundin und Kollegin aus der anderen Praxis, in der ich einmal pro Woche arbeite.

Folgendes Gespräch ergab sich:

Kollegin: „Du, gut, dass ich dich noch erwische. Kannst du mir helfen? In der Tanzschule unter uns soll um 11.30 ein Gesundheitsvortrag für Senioren stattfinden, der Vortragende hat kurzfristig abgesagt und ich kann auch nicht. Hast du Zeit?“

Ich (völlig verdattert und meinen Verstand schon protestieren hörend): „Äh, na du bist lustig! Ich habe bis 11.00 Uhr Klienten, komme nur knapp davor dort an und habe keine einzige Minute Zeit mich vorzubereiten! Wie soll das gehen?“

(Mein Verstand und mein Ego wagten einen Protest-versuch, eh nur noch ganz leise, aber einen Versuch war´s wert: Bist du bescheuert? Du kannst dich nicht vorbereiten, machst dich lächerlich, hast voll Stress und anderes zu tun…. Blablabla!)

Kollegin: „Wenn das wer aus dem Stegreif kann, dann du. Es wäre echt cool, wenn du hinfährst. Sind eh nur drei Senioren. Dir fällt bestimmt was ein!“

Meine „innere Stimme“ schreit fast: „Überleg nicht, sag zu, es ist wichtig!“

Ich: “Ok, ich habe in den letzten Tagen so viel Verrücktes getan und erlebt – das ist jetzt auch schon egal. Ich mach das.“

Ha, jetzt würde ich Dich unglaublich gern zappeln und raten lassen lieber Leser/liebe Leserin, denn ich schwebe grade noch so ein bisschen! Aber Du kommst sowieso nicht drauf, nicht wenn Du mich nicht kennst!

Also: Ich ziehe mich nach der Arbeit schnell um, bitte die Engel inständig, mich zu unterstützen und bin schon bei der Türe draußen. „Dreh um und nimm deine Tanzschuhe mit!“ vernehme ich, widerwillig, meine „innere Stimme“. Hm, Stress! Aber gut, ich drehe um und packe die Tanzschuhe ein. Ich hatte sie zwei Jahre nicht benutzt!

Knapp, aber pünktlich komme ich dort an. Es erwarten mich eine fröhliche, kleine Runde, die mich ganz herzlich als ihr Küken adoptiert und ein grenzenlos erleichterter, total lieber, gutaussehender Tanz-schullehrer! Was soll ich sagen?! DU weißt es sicherlich schon – alles glatt gelaufen, viel Spaß gehabt.

ABER: Das Beste kommt zum Schluss!

Siehst Du mich eigentlich grade bis zu Dir leuchten?

Zur Erklärung vorab, ich tanze für mein Leben gern, mein Mann derzeit leider nicht mehr und so sehne ich mich seit Jahren danach, wieder einmal zu tanzen. Ich habe mich aber nicht weiter darum gekümmert, obwohl mich meine Engel durch immer wiederkehrende Impulse seit Monaten mehrmals dazu aufgefordert hatten.

Dialog:

Tanzschullehrer: „Was bekommst du denn jetzt für deinen Vortrag?“

Meine „innere Stimme“ macht sich selbstständig und platzt heraus: “Du, was eher Ungewöhnliches, wenn das geht?! Ich möchte kein Geld dafür haben, sondern lieber einen Langsamen Walzer mit dir jetzt tanzen, ich habe so lange nicht mehr getanzt!“ Ups, ...

Der Tanzschullehrer guckt verdutzt und erfüllt mir den Wunsch nur zu gerne, sogar zwei Tänze!

Hast Du schon einmal mit einem Profitänzer einen ganzen Tanzsaal nur für dich gehabt? Ich schon – heute! Und ich schwebe noch...

Was hat dies alles mit dem ROSA Bändchen zu tun?

Viel, sehr viel, denn es hat mir noch mehr Achtsamkeit und Bewusstsein geschenkt, nicht nur um aus dem Werten und Motzen heraus zu kommen, sondern auch die Achtsamkeit für das Hier und Jetzt, für die Wunder des Augenblicks, die Wunder der Inneren Stimme und die Wunder des Mutes und des Herzensweges!

Ob mein Bändchen noch immer am gleichen Handgelenk ist? Aber sicher doch! Du glaubst doch nicht wirklich, dass mich heute noch irgendwas zum Motzen bringt?!

Tag 18 - Ein Tag wie jeder andere, nämlich ganz besonders

Donnerstag – Arbeitstag in der Energetikerakademie, meine Berufung, meinen geliebten Beruf als Therapeutin und ANGEL LIFE COACH ® ausüben dürfen und Vorfreude auf die heutige Tanzstunde!

Das ist so ganz nebenbei Sport, Sport, der Spaß macht! Dabei hat mein Schweinehund echt null Chance!

Minimotz macht sich heute erst gar nicht die Mühe aufzustehen. Stattdessen brütet er vermutlich, wie er die verbleibenden Tage doch noch einen Sieg einfahren könnte. Soll er doch – ich will mal nicht so sein. Doch heute? Heute hat er wirklich keine Chance.

Was bringt Dich so richtig zum Leuchten und Strahlen? Was lässt Deinen ganz persönlichen, inneren Motzer verstummen?

Tag 19 - Ausgetrickst

Ich bekomme vormittags eine wunderbare Therapie-Sitzung von einer lieben Freundin. Während solchen Sitzungen sind wir immer sehr tief mit unserer Seele, unserem Herzen verbunden und bekommen viel Klarheit über einige Themen. So auch diesmal. Ich freue mich immer sehr darauf und bin jedes Mal gespannt, was sich zeigen will.

Ich bekomme folgende innere Bilder: Es wird sehr wohl ein Buch über „28 Tage ROSA“ geben – ein kleines Taschenbüchlein. Ich sehe ganz genau, wie es aussieht. Daran hatte ich überhaupt nicht mehr gedacht.

Die Engel haben mich ausgetrickst….

Das Buch entsteht durch den Blog und das Schreiben des Tagebuches ganz automatisch. Seite für Seite reiht sich mühelos und selbst-verständlich aneinander und es macht obendrein viel Spaß es zu schreiben.

Tja, meine Seele und meine Engel kennen mich sehr gut, sehr, sehr gut. Immer wieder sind sie äußerst einfallsreich, wenn es darum geht, mich in die richtige Richtung zu lenken, meine Ängste auszutricksen, meinen Seelenplan zu verwirklichen. Ich liebe sie, meine Angies. Und so ist es nun tatsächlich. Ich sitze und fasse alles zu einem Buch zusammen, baue Tipps und Geschichten aus dem Alltag ein.

Zu Mittag will ich gern “Simply Red” hören und es läuft gleichzeitig der Radio – ich werde der Technik nicht Herr und schimpfe ein wenig vor mich hin. Gott sei Dank leise. Der Ärger verraucht schnell, ich bin keineswegs gewillt aufzugeben und rufe meinen Mann an. Er ist die Rettung in der Not und erklärt mir, was ich tun muss, um die Stereoanlage nach meinen Wünschen funktionstüchtig zu machen und so ich komme doch noch in meinem geliebten “Simply-Red-Himmel”!

Es wird eng für Minimotz, sehr eng! Je schwieriger es für Minimotz und Co wird, desto leichter wird es für mich. Ich spüre sehr viel Kraft und Freude und Willensstärke in mir, viel Zuversicht und meine himmlischen Freunde um mich, die es mir mit jedem „Alltagswunder“ leichter machen. Danke!

Tag 20 - Von Mogelei und Selbstzerfleischung

Wie ist es bei Dir lieber Leser/liebe Leserin?

Wie oft wechselst Du dein Bändchen von Handgelenk zu Handgelenk? Wie ehrlich gehst Du dabei mit dir um? Wie streng bist Du mit dir?

Das war anfangs mein Hauptthema! Ich habe es wahrlich akribisch betrieben!

Was geht noch durch und wann muss ich wirklich wechseln? Das waren die Augenblicke, wo ich mir eine Standleitung zu Manfred Mohr oder sonst jemandem, der das Bändchen verteilt, gewünscht hätte, einfach zum Nachfragen, einfach zum Philosophieren.

Das ging aber nicht, denn ich kenne ihn ja nicht persönlich! Nein, lieber Leser, liebe Leserin, – ich habe ihn NICHT kontaktiert und genervt und bitte auch Dich, dies nicht zu tun!!! Möglicherweise frisst er mich dann und das wäre doch schade, oder?!

UND: Es gibt auch zu mir keine Standleitung! Du bist trotzdem im Vorteil, Du hast den Blog (Anmerkung: diesen Blog gibt es mittlerweile nicht mehr) und das Buch. Es gibt dann allerdings auch die Momente, in denen ich mich frage, ob Du trotzdem brav Deinen Weg gehst.

UND: Manfred Mohr oder wer auch immer sonst, hätte mir vermutlich auch gar nicht helfen können, denn der wahre Maßstab dafür liegt in uns, es ist unser Gewissen, das uns leitet, Dich ebenso wie mich.

UND: Mogeln und sich Dinge schön zu reden hilft auch nicht! Alles, was wir uns nicht wirklich ansehen wollen, nicht „bearbeiten“ wollen, wie auch immer, kommt wieder! Verlässlich! Es ist wie ein Bumerang!

Du glaubst das nicht?

Dann nimm dir ein wenig Zeit für dich und lass dein Leben, alle Situationen und Personen, die eine Herausforderung für dich darstellen, an deinem inneren Auge vorüberziehen. Nur beobachten, NICHT WERTEN!

Na? Erkennst du Deinen roten Faden? Erstaunlich, oder? Es liegt einfach daran, dass du deine Lektion bei der ersten Person nicht lernen wolltest oder konntest – dann kam freundlicherweise eine weitere Person und du hattest eine neue Chance, zu lernen und zu wachsen.

Verpasst?

Macht nichts! Ich bin mir sicher, auch in Deinem Leben hat sich eine weitere willige Person zur Verfügung gestellt. Nicht wahr?

Was tun?

Ganz ehrlich – ich gehörte auch zu den Personen, die ganz gut im Schönreden, Verdrängen und Motzen war.

Eigenverantwortung? Das wurde mir weder von meinen Eltern noch von meinen Lehrern beigebracht.

Aber das Leben hat es echt gut mit mir gemeint. Immer wieder willige Herausforderer – wie das Amen im Gebet.

Irgendwann wurde es mir zu blöd und einfach zu anstrengend. Ich blieb stehen und schaute mir die Dinge an – ALLE! Alle Menschen, alle Situationen!

Ich habe viele Zettel vollgeschrieben. Für jede Situation und jede Person! Und siehe da, plötzlich lagen mein roter Faden und meine Hauptthemen ganz klar vor mir!

Dann war ich so richtig gewillt, in meinem Leben aufzuräumen.

Ich habe mich dafür wochenlang täglich, oft mehrere Stunden, in mein ganz persönliches Ho´ Oponopono Retreat zurückgezogen. Ich habe jedes einzelne Thema, jeden einzelnen Punkt, jede Situation und jeden Menschen in mein Herz genommen, verschiedene Techniken des Hoppens genutzt und aufgeräumt. Klingt das nach viel Arbeit? Oh ja, am Anfang war es das auch.
Doch es hat sich wahrlich gelohnt! Der Friede, der damit in mir und auch um mich herum eingekehrt ist, ist ein Füllhorn an Belohnung dafür. Jede einzelne Sitzung ist es dafür wert gewesen.

Das war und ist eines meiner ganz persönlichen und stärksten Werkzeuge in der „28 Tage ROSA“ – Challenge.

Tag 21 - Dein Weg

Heute ist Sonntag, es ist sehr entspannt und nichts Nennenswertes passiert. Das gibt mir die Gelegenheit, ein bisschen mit Dir zu plaudern!

Aus dem Blog:

Hallo Du, hast Du mich und meine unbequemen Fragen schon vermisst? Schön, da bin ich wieder und ich habe Dir wieder Fragen mitgebracht.

Na gut, weil Du es bist und weil Du es so gerne magst auch eine Geschichte – genauer gesagt eine Erfahrung aus diesem, meinem aktuellen "28 Tage ROSA" – Programm.

Ich weiß ja mittlerweile, dass Du meine Geschichten magst, auch wenn ich mir nicht vorstellen kann warum, aber das macht nichts, denn ich bereite anderen Menschen gerne Freude.

Beginnen wir doch mit den Fragen – Du weißt - "zuerst die Arbeit, dann das Vergnügen".

Es sind Fragen, die mir in den letzten Tagen gestellt wurden und die ich mir einst natürlich auch gestellt hatte.

Warum hast Du noch nicht angefangen oder wieder aufgehört? Ja, ich meine jetzt wirklich Dich und nicht mich, denn ich habe ja angefangen und nicht aufgehört.

Freundin: "Weißt du ich beobachte dich ja schon lange mit dem Bändchen. Ich hab's nicht vergessen – Du hast es mir damals gleich ganz begeistert erzählt und ich habe mich beobachtet und festgestellt, dass ich mindestens 10x am Tag wechseln müsste und das ist frustrierend. Außerdem würden mich dann alle ständig fragen was ich da mache. Und was sag ich dann?"

Ich: "Weißt du, auch für mich war es am Anfang frustrierend und auch ich musste wechseln, immer wieder, doch ich habe nie aufgegeben und habe geübt, Tag für Tag. Und irgendwann wurde es besser. Irgendwann wurden es dann schon ein paar Tage. Und was du sagen sollst? Na, die Wahrheit natürlich, so wie auch ich dir erzählt habe was ich da mache und ich wünsche dir von Herzen, dass auch du Menschen damit und dafür begeistern kannst. Was gibt es Schöneres?"

ALSO: Fang bitte, bitte auch Du an! Lass dich niemals entmutigen! Es wird besser, ich verspreche es dir!

Frage aus dem Blog: „Wie hast du es geschafft, so weit zu kommen? Und hast du die 28 Tage schon geschafft?“

Hey Du, wenn das jetzt auch Dein Gedanke ist, dann darf ich Dich darauf hinweisen, dass Du das Bändchen auf das andere Handgelenk tun solltest.

Welch Wertung! Was heißt “weit”?
Wieso glaubst Du selbst nicht “weit” zu sein?

Du hattest den Mut, dieses Erdenleben anzutreten. Du bist auch auf dem Weg mit dem Bändchen. Wir sind also alle gleich weit, jeder auf seinem ganz eigenen Weg und jeder Weg ist gut so wie er ist. Wichtig ist nur, dass Du dich auf den Weg gemacht hast, den Weg der Achtsamkeit, des Bewusstseins, des Herzens, der Vergebung, des Verständnisses, der Güte, des Friedens – den Weg des ROSA Bänd-chens.

Eine weitere Frage aus dem Blog: „Motzt du denn gar nicht mehr und ist in deinem Leben jetzt wirklich alles super gut?“

Äh, was genau heißt super gut? UND: Ich bin Mensch mit allem was dazu gehört, mit Alltag, Umwelt, Herausforderungen, Sehnsüchten, Träumen... die ganze Palette eben. Auch in meinem Leben gibt es das alles, natürlich, selbstverständlich. Mein Ziel war, das Motzen und Werten so weit wie möglich zu reduzieren und vielleicht auch eines Tages ganz sein lassen zu können, doch auch ich bin genauso wie Du derzeit auf dem Weg – meinem Weg. Mein Leben hat mich dorthin gebracht, wo ich jetzt bin, mit allen Höhen und Tiefen. Ich habe auch schon sehr oft andere „28–Tage–Programme“ durchlaaufen wie du ja bereits gelesen hast.

Das Programm “Die heilende Kraft deiner Engel” von Isabelle von Fallois habe ich innerhalb eines Jahres fünfmal gemacht bis ich es in 28 Tagen hinbekommen habe. Das war sicherlich ebenfalls eine große Hilfe für diesen Bändchen-Weg, auch wenn ich den damals noch gar nicht kannte.

Im Auf und Ab des Lebens befinde ich mich derzeit auf einer Höhe und mein Leben beschenkt mich überreich, wie Du ja immer wieder mitlesen darfst. Das kann es aber nur, weil ich wach bin, präsent bin und zuhöre, aufgeräumt habe in mir drin, geübt habe.

Es ist mir nicht in den Schoß gefallen, ich habe es mir erarbeitet, Schritt für Schritt und es hat sich wahrlich gelohnt.
Doch auch in meinem Leben wird es wieder Tiefen geben, es gehört zum Leben dazu. Es hat sie auch tageweise während dieser Challenge gegeben. Ich habe jedoch meinen freien Willen, meine Entscheidungs-freiheit und darf wählen, welche Seite der Medaille ich sehen und leben mag und ob ich in die Energie der Abwertung und des Klagens gehe oder ob ich stehen bleibe, zur Ruhe komme, mich in meine Mitte und mein Herz begebe und dann schaue: Ok, wo ist die Lernaufgabe? Wo ist das Geschenk? Was will mir die Situation mitteilen?

Tag 22 - Herzstein und Kinder – Ho´Oponopono

Heute bekomme ich unerwartet Post. Es ist ein großes, weißes Calcit-Herz. Ein wunderschöner Stein, der angeblich auch den Einhörnern zugeordnet wird. Ich wusste das nicht. Der Stein macht mich ehrfürchtig, so viel Kraft entströmt ihm, so wunderschön ist er. Eine ganz liebe Bekannte, die mich noch nicht sehr gut und auch noch nicht sehr lange kennt, hat ihn mir geschickt. Sie hatte einfach den Impuls mir diesen besonderen Stein zu schenken.

Was sie nicht wissen konnte ist, dass ich im Sommer schon Botschaft von den Einhörnern bekomme hatte, ich möge mich um einen weißen Einhorn-Stein kümmern. Ich hatte den Impuls aber schlichtweg vergessen. Ich bin so überwältigt und frage mich einmal mehr: Wie machen die Angies das?

Am Nachmittag passiert eine weitere, mich tief berührende Sache. Mein Junior, der kleine Knopf (fast 12 Jahre alt), steht mit Tränen in den Augen vor mir und sagt: „Ich muss es mir von der Seele reden…" Und dann erzählt er mir eine Situation, von der er weiß, dass er falsch gehandelt hat. (Ich muss dazu sagen, dass er so was sonst nie tut und selbst ein großer Wahrheits-Liebender ist.)

Wow, welch Mut steckt in diesem Kind! Ich konnte nicht böse sein oder schimpfen oder sonst was in der Art. Es war nicht einmal ein Bruchteil von Wertung oder Schimpfen in mir. Da war nur pure Liebe und Bewunderung und Dankbarkeit! Ich habe ihn in die Arme genommen (was er normalerweise ganz unmöglich und uncool findet) und ihm gesagt wie stolz ich auf ihn bin, wie mutig ich ihn finde und dass ich ihn verteidigen werde, sollte die Schule bei mir anrufen…

Er weiß selbst, dass es nicht richtig gewesen ist, was er getan hat. Und es hat ihn viel Mut gekostet zu mir zu kommen und von sich aus zu gestehen, obwohl er hätte wissen müssen, dass ich nicht schimpfen werde. Er hat sich gestellt sozusagen. Und ich bin übergeflossen vor Dankbarkeit für sein Vertrauen.

Mein Junior kennt Ho´ Oponopono nicht. Ich habe niemals mit ihm darüber gesprochen. Und dennoch kamen folgende Worte aus ihm:

„Mama es tut mir leid. Ich bin so froh, dass du nicht böse mit mir bist. Ich hab dich lieb. Danke, dass du nicht geschimpft hast“

Tag 23 - Das Gesetz der Resonanz

Kennst Du das Gesetz der Resonanz? Gleich und gleich gesellt sich gern! Es ist eines der geistigen Gesetze und funktioniert so zuverlässig wie der tägliche Sonnenaufgang. Ob uns das gefällt oder nicht, interessiert das Resonanzgesetz nicht!

In „Wikipedia" findet sich hierzu Folgendes:

„Als Gesetz der Anziehung (englisch: *law of attraction*), auch Resonanzgesetz oder Gesetz der Resonanz, wird in der Selbsthilfe- und Lebensberatungsliteratur die Annahme bezeichnet, dass Gleiches Gleiches anzieht. Diese Vorstellung bezieht sich speziell auf das Verhältnis zwischen der Gedanken- und Gefühlswelt einer Person und ihren äußeren Lebensbedingungen. Es wird von einer gesetzmäßigen Analogie zwischen Innen- und Außenwelt ausgegangen. Diese Analogie soll nutzbar gemacht werden, indem man durch eine Änderung der persönlichen Einstellung zu gegebenen äußeren Umständen eine analoge Änderung dieser Umstände im gewünschten Sinne herbeizuführen versucht." [Wikipedia, 2020].

Mein Huna-Lehrer sagte dazu immer: „Gabriela, die Welt ist so wie du denkst, dass sie ist. Das Leben ist schön. Sieh es als schön und es ist schön."

Naja, für manche Dinge brauche ich halt ein wenig länger, aber er hatte Recht. Ab dem Zeitpunkt, wo ich beschloss mein Opferdasein aufzugeben und in die Eigenverantwortung zu gehen, änderte sich alles. Beim Motzen und Werten ist es genauso, es ist einfach der Schritt zur Eigenverantwortung, zum Innehalten und Frieden machen in sich selbst. Ich darf entscheiden, wie ich eine Sache sehe, was ich daraus lernen darf, wie ich damit umgehen will. Das ist für mich wahre innere Freiheit.

Mein ROSA Bändchen erinnert mich täglich liebevoll daran. Es hat mir sozusagen weitere Dimensionen eines wunder-schönen Lebens geschenkt. Meine Achtsamkeit hat sich in Richtung. „Was ist alles schön und toll in meinem Leben? ", verschoben und damit auch meine Resonanz. Ich ziehe dadurch wundervolle Gelegenheiten und

Menschen in mein Leben. Bei diesem Prozess fallen automatisch auch Personen aus meinem Umkreis weg aus meinem Leben. Es gehört dazu, löst sich meist ganz sanft und darf so sein. Wenn eine Türe zugeht, warten meist schon drei bis vier andere, die offen sind. Ich muss nur wach sein, hindurchgehen und staunen.

Je öfter und länger man übt und das Experiment einfach macht, desto leichter wird es, das rosa Bändchen auf einem Handgelenk zu belassen. Die Gelegenheiten zum Motzen und Werten sind sicherlich die gleichen geblieben, doch ich nehme sie zum Teil gar nicht mehr wahr oder nur noch sehr am Rande.

Wenn ich mich dann doch auch noch ertappe, dann ist mir das sehr schnell bewusst und ich habe zahlreiche Möglichkeiten kennen gelernt, rasch wieder in meine Mitte zu kommen. Jetzt liegt es an mir, mich zu entscheiden, diese Möglichkeiten auch zu nutzen oder doch vielleicht zu motzen und meine Energie absacken zu lassen. Ab und zu lasse ich das dann auch für ein paar Minuten oder ein Stündchen zu. Dann ist es mir meist schon zu blöd und ich tue etwas dagegen.

Wenn ich wieder in meiner Mitte bin, verschieben sich die Blickwinkel meist ganz schnell und ich bin wieder in der Dankbarkeit und Liebe. In diesem Zustand gibt es kein Motzen und Werten und es ergeben sich daraus täglich unzählige Möglichkeiten und Gelegenheiten glücklich und zufrieden und dankbar zu sein. Dadurch minimieren sich die Gelegenheiten des Motzens automatisch, denn es kann nicht beides gleichzeitig gelebt werden. Hast DU das für dich auch schon festgestellt?

Beobachte dich in deinem Alltag. Kennst du das Gefühl frisch verliebt zu sein? In so einem „rosaroten Zustand“ fällt es uns ganz leicht alles positiv zu sehen und Herausforderungen leicht zu meistern, nicht wahr?

Wir können aber nicht „dauerverliebt“ sein?! Naja, vielleicht nicht in einen Menschen, aber in das Leben schon. Es braucht hierfür keinen „Wunderpartner“. Es braucht keinen Partner. Es braucht einfach nur das Leben, deine Achtsamkeit und Aufmerksamkeit, deine Verbundenheit mit deiner Seele und ihrem Plan. Dann können Wunder geschehen – viele kleine und große. Dann wird’s zu Magie.

Tag 24 - Manchmal einfach auch traurig

Es gibt auch in meinem Leben Tage, da bin ich nicht gut drauf, habe nicht gut geschlafen, tut mir irgendetwas weh oder macht mich etwas traurig. Ich bin nicht in meiner Mitte. Heute ist zum Beispiel so ein Tag.

Doch ich bin bereits am Tag 24 und daher ganz besonders bewusst und achtsam, was ich denke und sage. Jetzt noch einmal von vorne beginnen zu müssen, würde mich schon sehr wurmen, das gebe ich ehrlich zu. Früher - und ganz selten auch jetzt noch - habe auch ich geklagt und gejammert, bin mir selbst und meinen Lieben auf die Nerven gegangen. Geändert hat sich die Situation meist nicht, im Gegenteil. Ich habe mich selbst blockiert und mir die Chance auf geniale, göttliche Lösungen genommen.

Jetzt, und ganz besonders heute, gehe ich mit solchen Tagen und Stimmungen anders um. Ich bitte meine Familie, mich heute so gut wie möglich in Ruhe zu lassen, damit ich mich zurück-ziehen kann, überlegen kann, was mich an der Situation so traurig gemacht hat und um die Möglichkeit zu haben dem Gefühl und der Situation einfach auch Raum zu geben und alles heilen zu lassen. Mit viel Übung gelingt das viel schneller und leichter. Das rosa Bändchen mit seiner Botschaft hilft dabei mit.

Ich ziehe mich zurück, lasse Haushalt Haushalt sein, tue nur das Nötigste und mache was ich in so einem Fall immer mache, ich hoppe dieses Thema in meinem Herzen, gebe der Liebe in mir, der inneren Weisheit, die Chance, dieses Thema zu heilen. Gerne bitte ich dabei auch Engel zu mir. Manchmal tut etwas einfach wirklich weh und dann ist so himmlische, liebevolle, tröstende, zusätzliche Energie immer gut. Mir persönlich hilft es enorm. Probier es einfach aus, sei offen und lass es zu!

Ich denke in solchen Situationen ganz gerne an Isabelle von Fallois Worte: „Die Dinge sind nicht immer so wie sie scheinen."

Im Laufe der Zeit habe ich mehrfach erkennen dürfen, dass sie Recht hat. Ich kann nicht wissen, ob nicht schon in fünf oder zehn

Minuten alles anders ist, sich wunderschöne Dinge ergeben. Wenn ich im Motzen und Werten bleibe, sehe ich sie aber nicht! Ich bin zu und blockiert. Loslassen, nach vorne sehen!

Tag 25 - Letzte Herausforderungen

Ich bin immer noch recht traurig (wenngleich schon viel weniger als gestern), genervt und neige heute sehr zum Motzen. Ich höre nicht einmal Musik. Ich muss auf die Krankenkasse, um etwas zu klären, was zunächst auch nervt. Sehr bewusst schweige ich heute und überlege mir ernsthaft, ob ich das Bändchen einfach auf das andere Handgelenk tun soll und drauf los motze. Obwohl ich bei Tag 25 angekommen bin, überlege ich das wirklich ganz ernsthaft!

Doch ich bin manchmal echt stur, sehe Minimotz auf der Lauer liegen, muss grinsen und denke an den Abend. Es ist Donnerstag, also Tanzschule. So schlecht kann der Tag eigentlich gar nicht werden. Meine Blickwinkel beginnen sich leicht zu verschieben, meine Mundwinkel wandern wieder etwas nach oben und ich bitte meine Engel mir zu helfen, doch noch ohne Handgelenkwechsel durch den Tag zu kommen. Ich öffne mich.

Was soll ich sagen?!

1. Bei der Krankenkasse läuft es prächtig, im Gegensatz zu sonst sind keine Leute vor mir. Ich komme gleich dran und erwische eine ganz entzückende, gut aufgelegte, sehr hilfsbereite und lösungsorientierte Beamtin. Alles löst sich in Wohlgefallen auf.

2. Danach will ich eigentlich ins Fitnesscenter, um mich ein bisschen auszupowern, doch ich bekomme den Impuls, mir etwas anderes Gutes zu tun, zu meinem Lieblings-Brötchenladen zu gehen und in eines meiner persönlichen Paradiese, in eine Buchhandlung unweit vom Brötchenladen.

Das trifft sich gut, denn ich will ohnehin Susanne Hühns neues Buch haben. Und Manfred Mohr hat ja auch sein Buch „Das Wunder der Dankbarkeit“ empfohlen, in dem die Originalgeschichte zum Bändchen-Experiment beschrieben ist. Bisher hat es mich noch nicht zu diesem Buch gerufen, denn dankbar bin ich wohl wirklich sehr, aber ich lasse mich gerne überraschen.

Susannes Buch bekomme ich sofort und durch „Zufall“ gibt’s auch noch genau ein einziges Exemplar von Manfred Mohrs Dankbarkeits-büchlein.

Ich will es eigentlich noch immer nicht haben, nehme es aber dennoch mit. In der U-Bahn habe ich Zeit ein wenig zu schmökern und will natürlich sofort die Geschichte finden. Was tut man, also ich in diesem Fall? Ja klar, Inhaltsverzeichnis lesen. Nur – da steht es nicht offensichtlich drin. Es ist in einem Kapitel versteckt. In welchem wohl? Ich frage im Stillen mal „oben“ nach und schlage dann einfach das Buch auf.

Grinsen macht sich breit. Ich finde auf Anhieb das richtige Kapitel, lese gespannt die Geschichte des Pfarrers Will Bowen, der diese Idee ins Leben gerufen hat und stelle fest, dass er es seinen „Schäfchen“ für 21 Tage vorgeschlagen hatte und es „nur“ darum geht, nicht laut zu motzen, Gedanken sind nach wie vor frei.

Macht nichts! So habe ich halt ein paar Monate Fleißaufgaben gemacht.

Heute, genau heute, wo ich in der Früh schon aufgeben wollte, lese ich, dass ich im Prinzip schon „gewonnen“ habe. Wow!

Ich schlage das Buch ein weiteres Mal auf und stoße auf sehr gute Anregungen zum Thema Auto fahren. Genial! Ich beschließe daher: Der Kauf hat sich ausgezahlt und Lesen wird auf später verschoben.

Man soll doch wirklich niemals frühzeitig motzen!

Die Tanzstunde am Abend tut ihr Übriges und die Traurigkeit ist Geschichte. Vielleicht und vermutlich sogar ziemlich sicher sind auch hier die Dinge nicht so wie sie scheinen und alles wird sich lösen. Zuversicht macht sich breit und ich genieße mein Leben.

Tag 26 - Mit offenem Herzen

Am Vormittag gehe ich meinem innig geliebten Beruf als ANGEL LIFE COACH® nach Isabelle von Fallois nach. Es ist immer wieder tief beglückend, diese „Arbeit“ tun zu dürfen.

Ich darf dies heute für einen Menschen tun, den ich nicht persönlich kenne, der im Krankenhaus liegt und über “Gesichtsbuch” auf meinen Blog aufmerksam wurde. So kamen wir in Kontakt und ich bot ihr, einem Impuls folgend, diese Behandlung als Geschenk an. Es war für mich einfach auch ein Ausgleich, den ich von Herzen gerne gab, ein Ausgleich für die vielen wunderbaren Geschenke, die ich vom Universum in letzter Zeit erhalten hatte.

In so einem Zustand ist bei mir nichts mehr mit Motzen und Werten. Minimotz weiß, dass er auch heute keine Chance hat.

Am Nachmittag war es dann sehr spannend. Ein Termin fällt aus und mich ruft es zum Computer. Das ist nicht so selbstverständlich, denn ich verbringe nicht gerne Zeit am PC. Ich lese lieber oder koche oder backe.

Ich fühle mich eingehüllt in eine wundervolle Energie und Präsenz, die ich kaum beschreiben kann und plötzlich weiß ich, was zu tun ist. Eine Seite fügt sich mühelos an die andere, Stunden vergehen wie im Fluge und das Buch zu „28 Tage ROSA“ bekommt die erste, bereits fast vollständige Form. Ein Bild des fertigen Buches steht klar vor meinem geistigen Auge, wer es Korrektur lesen wird, ist klar …

Ich staunte nicht schlecht, das muss ich ehrlich sagen. Und so hat mich mein Weg mit dem rosa Bändchen wieder einmal total überrascht.

Karina Wagner, eine der großen Meisterinnen der bedingungslosen Liebe wird immer wieder gefragt: „Wie machst du das? Wie kann dein Herz immer offen sein? Ist das nicht anstrengend? Wie kann man bloß immer lieben?“

Karina sagt dann immer: „Für mich ist es viel anstrengender NICHT zu lieben. Es ist alles so viel leichter mit einem offenen Herzen und es ist sooo leicht euch alle zu lieben.“

Schön langsam verstehe ich und kann nachvollziehen was sie meint und lebt. Und sie hat Recht! Es ist tatsächlich wesentlich weniger anstrengend, mit einem offenen Herzen durch die Welt zu gehen. Bei mir ist es unter anderem durch das Bändchen-Experiment einfach passiert, immer mehr geworden und hat mir Türen geöffnet und Wunder geschenkt, die ich mir in meinen kühnsten Träumen nicht hätte ausmalen können. Auf manche dieser Ideen wäre ich nie im Leben gekommen (siehe Tanzschul-Geschichte).

Der Weg der Liebe ist der Weg hinaus aus dem Ego-Willen, hin zu Gottes Willen und dieser Wille ist tatsächlich ein Weg der Liebe und Güte. Nie hätte ich gedacht wie wundervoll das wirklich ist, wie leicht es durch all diese Erlebnisse wird, sich immer mehr dem „Dein Wille geschehe“ hinzugeben und weg von Ego-Willen zu gehen.

Ich liebe dieses ROSA Bändchen und alles was damit verknüpft ist, heiß und innig!

Liebst Du deines auch schon?

Tag 27 - Eng für Minimotz

Für Minimotz wird es eng, nur noch zwei Tage für ihn, aber auch nur noch zwei Tage für mich! So weit war ich bisher noch nie gekommen. Das was in dieser Challenge die größte Herausforderung für mich war, nämlich den Blog zu schreiben, erwies sich letztendlich als der größte Segen und die größte Hilfe.

Viele, liebe Menschen durfte ich auf diesem Wege kennen lernen. Neue Möglichkeiten ergaben sich. Viele Menschen fühlten sich inspiriert und begannen mit-zumachen. Es war einfach nur himmlisch, beglückend, erfüllend. Ich durfte nochmals einiges meistern und über-winden, wachsen, noch mehr Bewusstheit und Achtsamkeit lernen, vor allem mir selbst und den Geschenken des Lebens gegenüber.

Ich weiß, ich wiederhole mich, aber ich bin zutiefst von Dank erfüllt. Ich danke Dir, dass du mich begleitet hast, auch auf diesem Weg bist und vielleicht auch Inspiration für deine Mitmenschen bist. So können wir alle zusammen beitragen, eine neue Erde zu erschaffen - eine Erde voll Liebe, Respekt und Achtung füreinander und ein Miteinander in Liebe und Frieden.

Ob ich schon weiß, wo mich mein Weg hinführen wird und warum ich das tun musste? Ehrlich gesagt: „Nein!“
Doch das macht nichts. Es fühlte sich die ganze Zeit über richtig an, einfach stimmig, gelenkt, behütet und geführt. Und wenn es Dich auch wieder auf deinen Weg gebracht hat, dann war das alleine schon Sinn genug!

Wie geht es Dir denn so mit Deinem ganz persönlichen ROSA Weg? Es ist spannend, nicht wahr? Am Anfang frustrierend, doch es lohnt sich wirklich. Jeder einzelne Tag und jeder Anlauf. Schau, ich habe ein Dreivierteljahr gebraucht, bis ich es 28 Tage an einem Stück geschafft habe, das Bändchen nicht auf das andere Handgelenk tun zu müssen. In Wirklichkeit ist es auch nicht wichtig, wie lange man braucht. Wichtig ist nur, dass wir alle jeden Tag auf diesem Weg sind!

Tag 28 - Geschafft

Ja, auch heute ziert mein Bändchen mein linkes Handgelenk und bleibt den ganzen Tag dort.

Feierlaune? Nein, nicht wirklich, Ich bin still, in mich gekehrt und demütig. Ich hätte nicht gedacht, dass ich es diesmal tatsächlich schaffen würde. Die Leser meines Blogs, ihr Mittun, ihre aufmunternden Kommentare – all das war für mich eine unschätzbare Unterstützung auf meinem Weg zu "28 Tage ROSA".

Meine Familie und meine Freundinnen sind ganz still geworden. Die eine oder andere hat mitgemacht und es waren auch welche dabei, die gegangen sind, weil wir keinenn gemeinsamen Gesprächsstoff mehr haben. Wenn jegliches Gejammer wegfällt, kann es schon mal still werden.

Minimotz? Der ist beleidigt und spricht im Moment kein Wort mehr mit mir. Doch wie ich ihn kenne, ist dies nur ein vorübergehender Zustand und ihm fällt sicherlich die eine oder andere List ein, mich doch wieder rumzukriegen. Darf er....

Schlussworte

Just um die Osterzeit 2020 fand ich das Manuskript zu diesem Buch in meiner Schublade und wusste instinktiv, dass genau JETZT der Zeitpunkt ist, es zu veröffentlichen. Es hat mir so manches Lächeln ins Gesicht gezaubert, es nochmals zu lesen.

Mir wird erst jetzt so richtig bewusst, wie sehr sich mein Leben durch dieses Experiment zum Positiven gewandelt hat. Es hat mich für die Wunder des Alltags geöffnet und das Leben generell mit sehr viel Dankbarkeit betrachten gelernt. Das Leben antwortet immer so, wie du in den Wald hineinrufst.

Als mir 2014 mein komplettes Leben weggebrochen ist, konnte ich bereits auf sehr viel inneren Frieden und Vertrauen zurückgreifen und auch da war es wie Magie, wie sich Schritt für Schritt Unterstützung aufgetan hat. Es war schon ein sehr feines Gefühl, festzustellen, dass sich all die Arbeit an mir selbst ausgezahlt hat und meine Ängste verschwunden waren.

Jetzt haben wir Ausnahmezustand auf der Welt Ein Virus hat sie quasi lahmgelegt und wieder bin ich im tiefen inneren Frieden und harre der Dinge, die kommen. Muss ich in diesen Tagen das Bändchen oft wechseln? Anfangs ja, denn auch mich haben die unterschiedlichen Berichte und Theorien verwirrt und ich war angepisst, weil ich viele Dinge nicht tun kann. Das hat sich recht bald wieder gelegt. Minimotz sitzt schmollend in einer Ecke, da ich viel Zeit für Yoga, Spaziergänge und Laufen verwende und ich nutze die Zeit, um Bücher zu schreiben. Wir alle haben immer die Wahl, was wie wir auf Umstände und Personen reagieren. Ich wähle Frieden, und du?

Wann auch immer du dieses Buch in die Hände bekommst, ich wünsche dir von Herzen eine magische Entdeckungsreise zu den Wundern des Alltags, abseits von motzen und werten.

Ergänzend zu diesem Buch findest du auch einen Kurs und eine Facebook-Community auf meiner Webseite.

Deine Gabriela Linshalm

Danksagung

Mein größter Dank gilt meiner Familie, meinem Mann und meinen Kindern. Sie sind mir täglich aufs Neue Inspiration, Halt und Übungs-feld.

Danke an meine Eltern, die für mich zeitlebens eine Herausforderung waren und mich dadurch wachsen ließen.

Großer Dank gilt auch meiner lieben Freundin Bettina, die mich mit einer Engelsgeduld durch technische Hürden begleitet, immer ein offenes Ohr für mich hat und mir Mut zu meinem Blog und diesem Buch gemacht hat.

Ein großes Dankeschön an meine Freundin und Lektorin Eva Maria.

Danke an all die lieben Menschen um mich, die an mich geglaubt haben und mich unterstützt haben, jeder auf seine Weise.

Ein ganz, ganz großes Dankeschön gilt auch meinen Engeln und geistigen Führern, dass sie mich mit Beharrlichkeit, Geduld und Sanftmut immer auf dem richtigen Weg halten und mir helfen nach und nach meine Ängste zu überwinden und meine Komfortzonen zu verlassen.

Danke an Isabelle von Fallois und all meine anderen "Lehrer", ohne die ich nicht die wäre, die ich jetzt bin.

Danke auch an Anna Nguyen, die mir mit ihrem Kurs Mut gemacht, mein Buch endlich zu veröffentlichen.

Über die Autorin

Gabriela Linshalm

ist erfahrene Seminarleiterin, hellsichtig, Coach und Mentorin für Menschen in Transformationsprozessen. Sie begleitet Menschen auf ihrem Weg, ihren Seelenplan und ihr Potenzial zu erkennen und zu leben und sich nebenberuflich damit ein lukratives Business aufzubauen.

Nach 30 Jahren selbstständiger Tätigkeit als MTA, LESO und Physioenergetikerin mit Schwerpunkt Allergiebehandlung und Wirbelsäulenproblematik, bietet sie heute, gemeinsam mit ihrem Mann Peter Linshalm, Seminare und Einzelcoachings für Persönlichkeitsentwicklung, Blockadenlösung und Firmenaufbau an.

Als Mensch ist Gabriela

Kokosfreak und Hundemama, Mutter von 3 Kindern, Genussmensch und Leseratte, Naturliebhaberin und YOGA-Fan.

Brot backen, mit dem Kochlöffel zaubern und Keramik malen gehören ebenso zu ihr, wie lange Gespräche mit ihrem Mann, Kurse entwerfen und Bücher schreiben.

Literaturempfehlungen

Hubert Kölsch: Grals Gnade (BoD)

Isabelle von Fallois: Die heilende Kraft deiner Engel (KOHA)

Karina Wagner: Liebe ist der Weg ins Licht (Aquamarin)

Manfred Mohr: Das kleine Buch vom Hoppen (Schirner)

Manfred Mohr: Das Wunder der Dankbarkeit (Gräfe und Unzer)

Manfred Mohr: Verzeih Dir! (Allegria)

Neele Donald Walsh: Gespräche mit Gott (Allegria)

Ulrich Emil Dupreé: Ho´Oponopono (Schirner)

Gabriela Leopoldseder: Ooniemme, der kleine Engel Dankbarkeit (epubli)

Gabriela Leopoldseder: Melanie und der Feengarten (epubli)

Copyright, Haftungsausschluss und Datenschutz

LITERATURVERZEICHNIS

Wikipedia. 25.02.2020. Gesetz der Anziehung. Verfügbar in: https://de.wikipedia.org/wiki/Gesetz_der_Anziehung [Letzter Aufruf: 18.04.2020]

Printed in Poland
by Amazon Fulfillment
Poland Sp. z o.o., Wrocław

77895764R00054